W・R・ランバスの使命と関西学院の鉱脈

神田健次

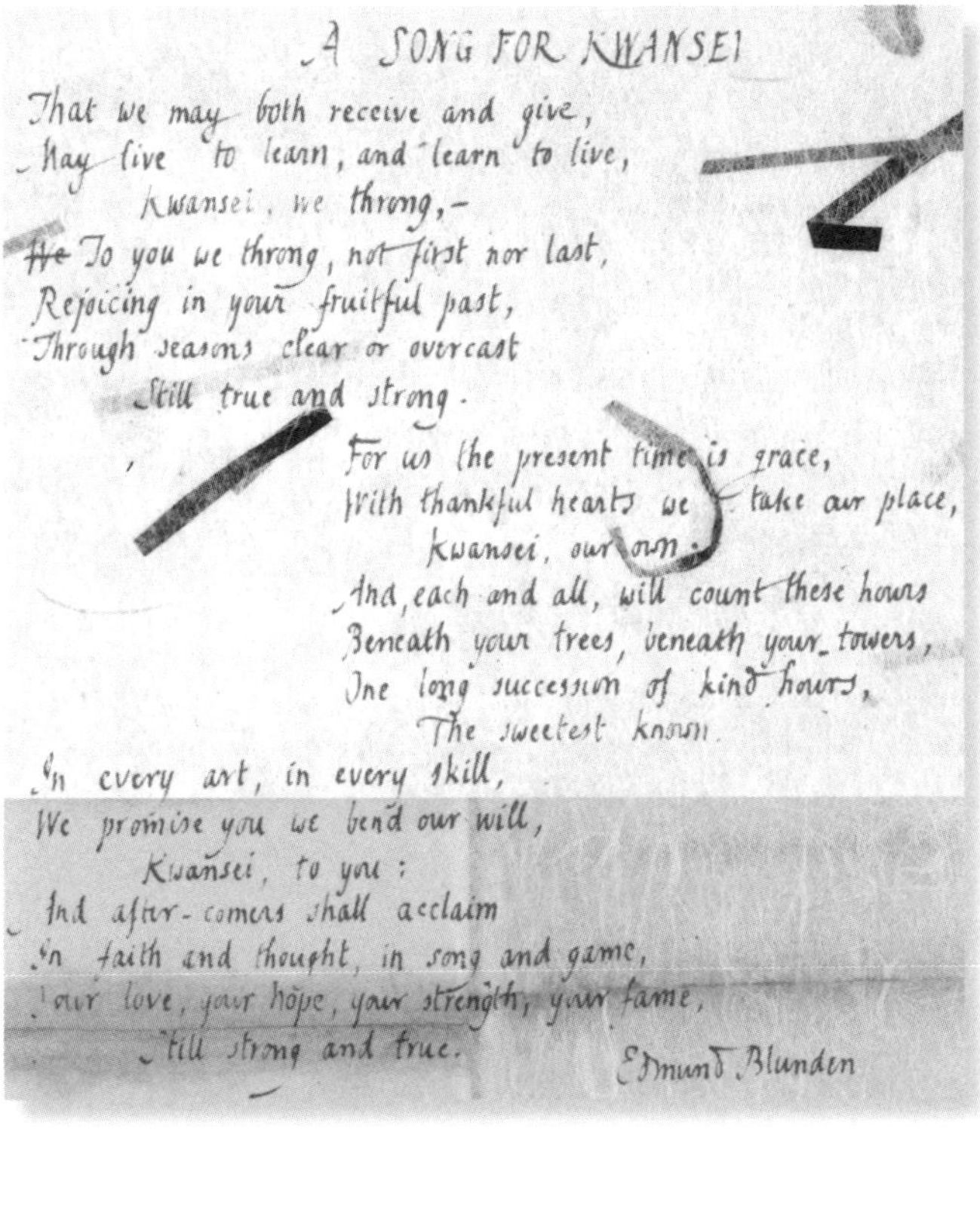
A SONG FOR KWANSEI

That we may both receive and give,
May live to learn, and learn to live,
Kwansei, we throng,—
~~We~~ To you we throng, not first nor last,
Rejoicing in your fruitful past,
Through seasons clear or overcast
Still true and strong.

For us the present time is grace,
With thankful hearts we take our place,
Kwansei, our own.
And, each and all, will count these hours
Beneath your trees, beneath your towers,
One long succession of kind hours,
The sweetest known.

In every art, in every skill,
We promise you we bend our will,
Kwansei, to you:
And after-comers shall acclaim
In faith and thought, in song and game,
Your love, your hope, your strength, your fame,
Still strong and true.

Edmund Blunden

関西学院大学出版会

W. R. ランバス

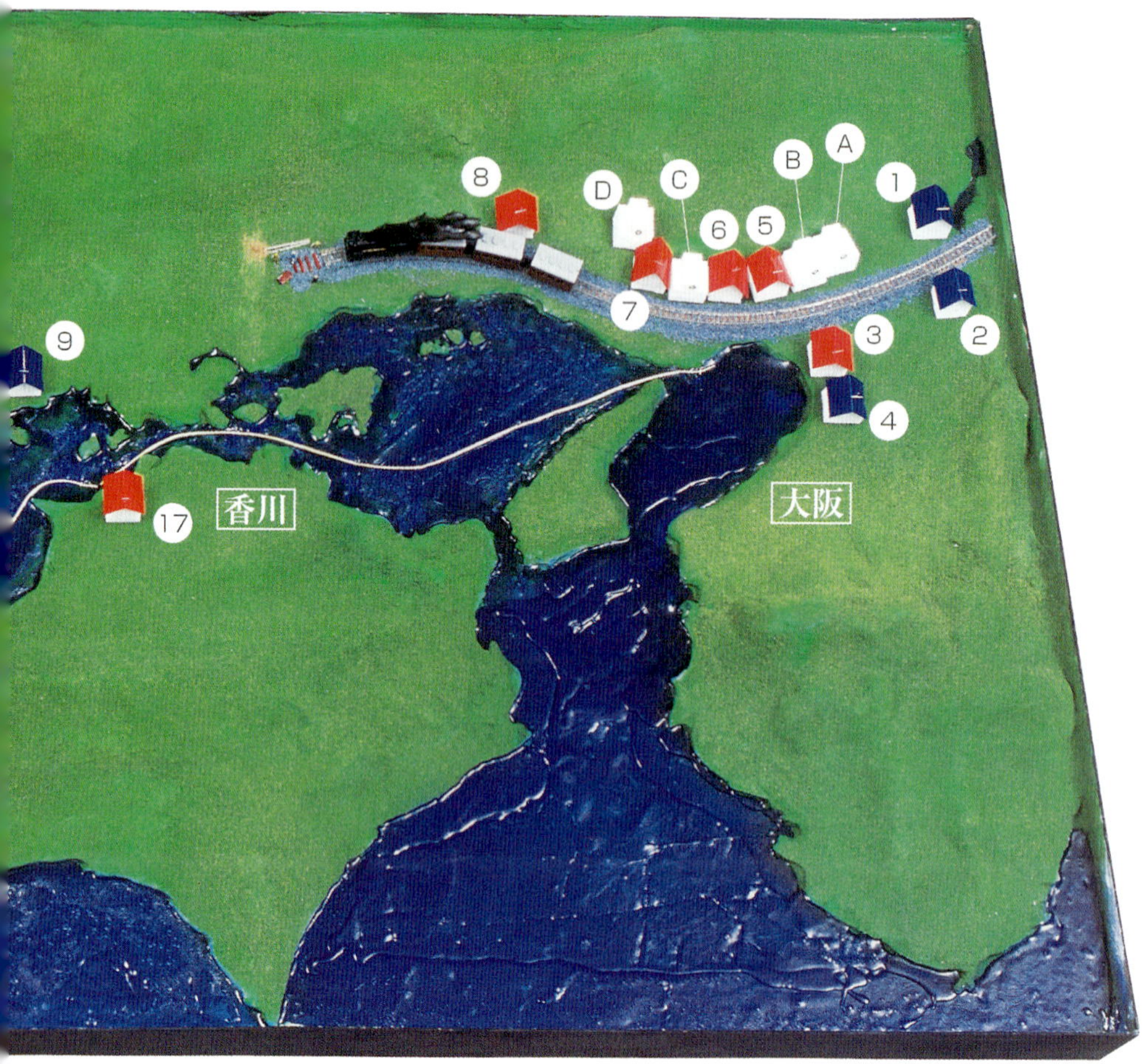

1 京都御幸町教会	11 広島流川教会	21 中津教会	A 関西学院
2 伏見教会	12 岩国教会	22 国東教会	B 聖和大学
3 東梅田教会	13 徳山教会	23 杵築教会	C パルモア学院専門学校
4 堺清水橋教会	14 防府教会	24 大分教会	D 啓明学院
5 御影教会	15 山口信愛教会	25 佐伯教会	E 広島女学院
6 神戸栄光教会	16 下関丸山教会	26 行橋教会	F 売店「ランバス」
7 兵庫松本教会	17 多度津教会	27 田川教会	
8 姫路五軒邸教会	18 松山番町教会		
9 福山東教会	19 八幡浜教会		
10 呉平安教会	20 宇和島中町教会		

W. R. ランバスは広島県庄原で伝道を行っていたが、教会は設立されることなく、現在は国営備北丘陵公園の一角にある売店がランバスの名を残している。

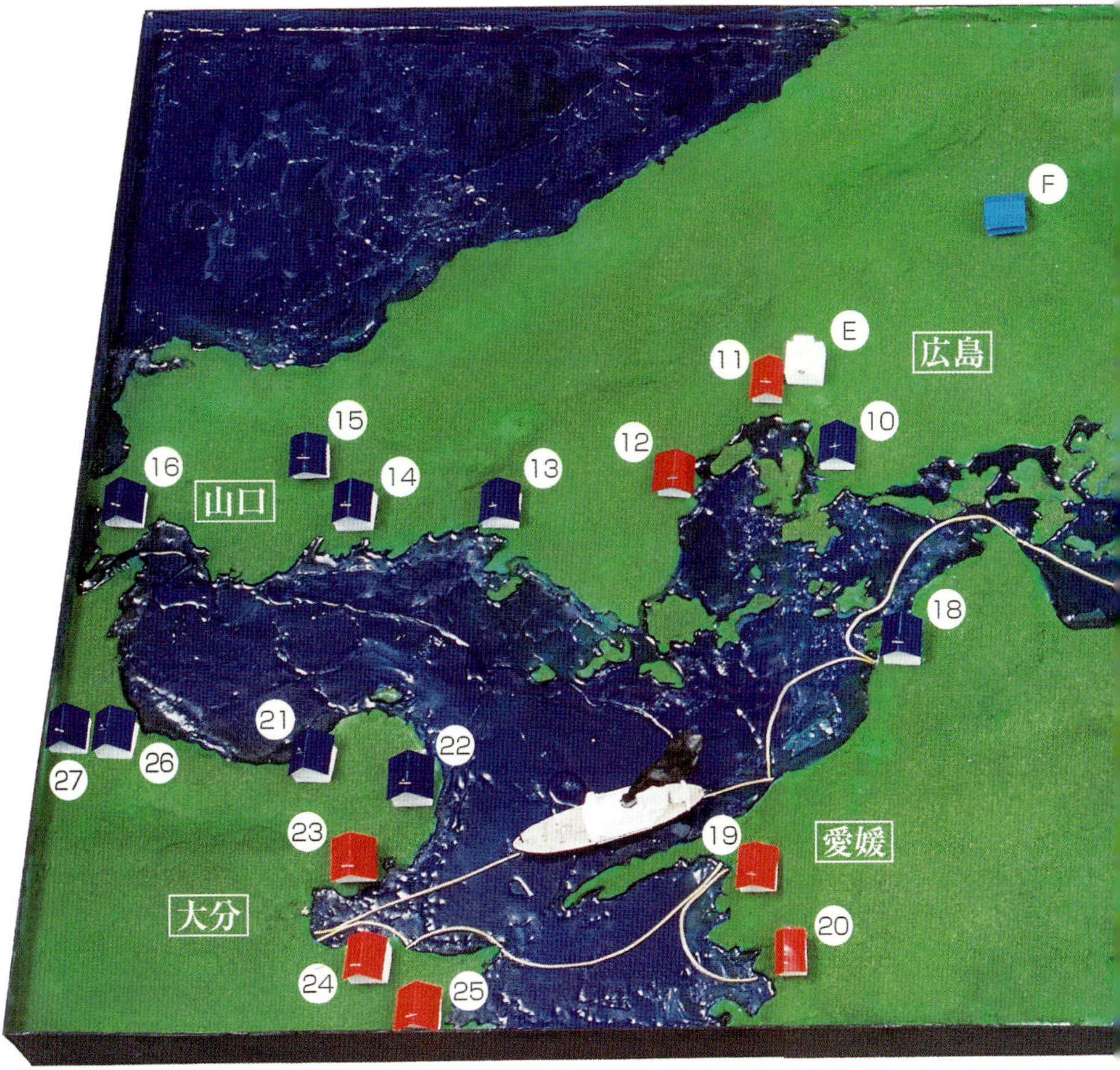

「瀬戸内宣教圏構想」ジオラマ

ランバス滞在中（1886-90 年）に創設された 13 の教会を赤色の屋根で表示し、ランバス離日後に創設された 14 の教会を青色の屋根で示している。

注 1：米国メソヂスト監督教会は以下の三つの時期に歴史的に変遷してきている。
① 1886-1907 年：「南メソヂスト監督教会（南美以美または南美以教会）」
② 1907-1941 年：「日本メソヂスト教会」（メソヂスト監督教会、カナダ・メソヂスト教会、南メソヂスト監督教会三派の合同による）
③ 1941- 現在：「日本基督教団」

注 2：・学校に関しては、現在の位置を表示している。
・1889 年 9 月 1 日、山陽鉄道は姫路まで開通した。
・ジオラマの航路は大阪商船（1884 年当時）のものである。

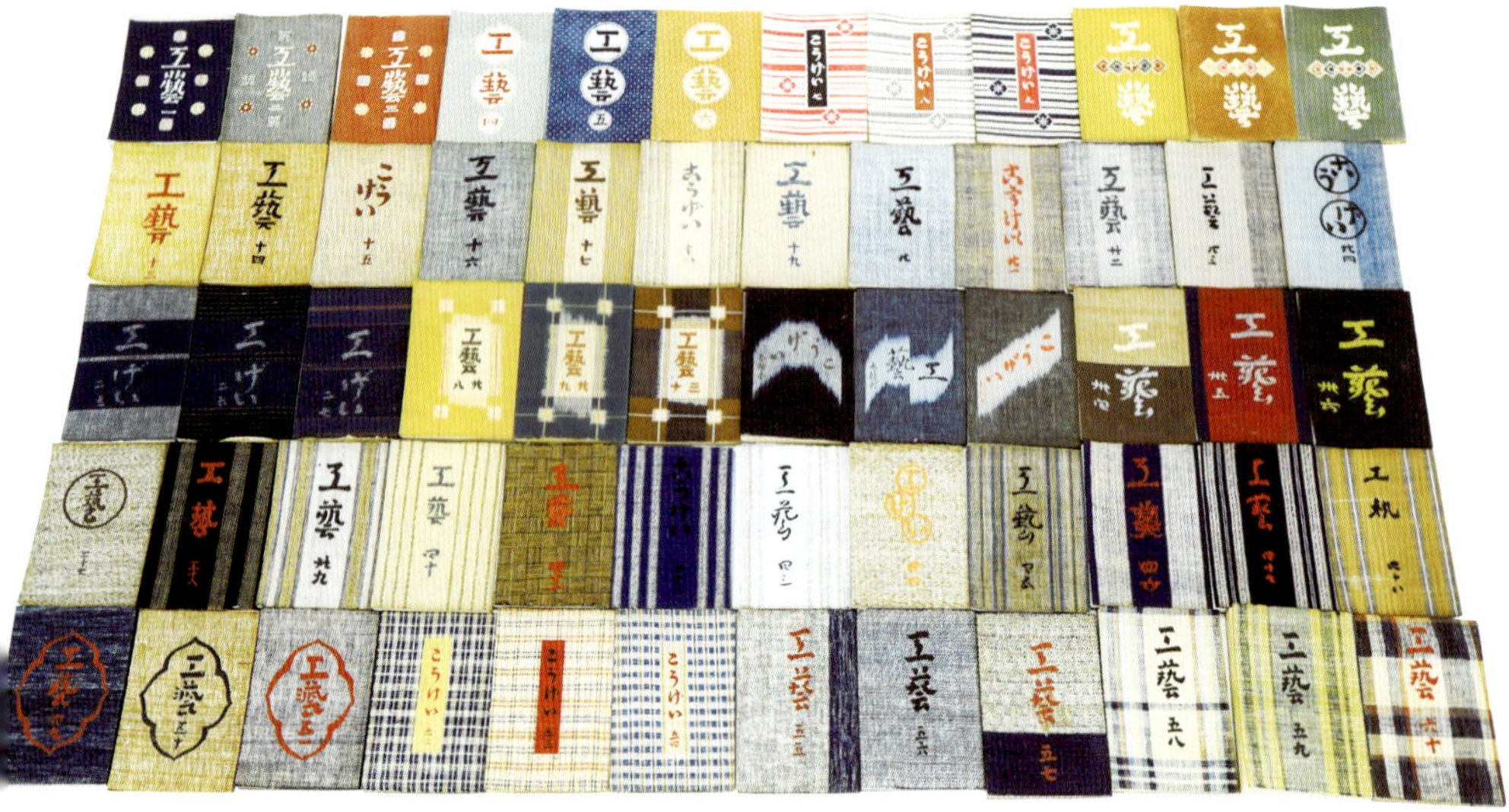

『工藝』創刊号～第 60 号

『工藝』第 61 号～第 120 号（終刊号）

W・R・ランバスの使命と関西学院の鉱脈

序

このたび、神田健次教授による『W・R・ランバスの使命と関西学院の鉱脈』が大学出版会から公刊されることを心から喜びたいと思います。

本書は、筆者も共通の恩師である小林信雄先生（関西学院大学名誉教授）に献呈されています。関西学院の創立者W・R・ランバスは、日本滞在が四年余りという短期間で、一次資料が殆どアメリカにあり、その全体像が長い間知らないままでしたが、一九八〇年代に入り、小林先生（当時学院史資料室長）の肝いりで、米国レイク・ジェネラスカのメソジスト教会歴史資料館、南メソジスト、ヴァンダビルト両大学のArchivesからランバスの著書、論文、書簡など二百点を超える貴重な諸資料が収集・コピーされ、その際同行して献身的に協力されたのが神田教授でした。

小林先生は聖書的人間観に立ち、個人を英雄視し、況んや神格化することを厳に戒め、所謂homageではなく、ランバスの生涯と思想、そこに貫流しているキリスト者魂を直視し正しく評価する「ランバス再発見」のために鋭意努力されました。神田教授はその志を受け継ぎ、持続的に資料を精査し、「二〇世紀の使徒パウロ」とも称されるランバスの「キリストに従う」足跡を社会学的アプローチも踏まえて、生誕一五〇年を機にヴィジュアルなパンフレットや本書第Ⅰ部「W・R・ランバスの使命」所収の諸論考に纏めあげられました。関西学院だけでなく、四国、九州を含む瀬戸内宣教圏、中国、朝鮮半島、また草創期のエキュメニカル運動に係るランバスの広範なミッション活動から、「キリストの使徒」「世界市民」としてのリアルなランバス像が今更のごとく甦ってきます。

第Ⅱ部「関西学院の鉱脈」においては、神田教授は専門の実践神学（著書『現代の聖餐論――エキュメニカル運動の軌跡から』（博士論文）他多数）の研究に加えて、学院の院長（ニュートン、ベーツ、アウターブリッジ）、戦前、戦後の神学部教育と卒業生たち、さらにキリスト教学校教育同盟、大阪暁明館、あるいは柳宗悦、寿岳文章などの民藝運動と学院との関係などにも並々ならぬ関心を寄せ、「母校通信」他に寄稿された内容が別枠「コラム」欄に収められ興味を惹かれます。ここで言う知られざる「鉱脈」とは完結的、閉鎖的なエピソードの類ではなく、何れもが学院の歩みに包摂される生きたヒストリーの一部であります。

関西学院は昨年創立一二五周年の節目を記念しましたが、「正史」や「資料編」「事典」とは別に、本書が学院の将来に向けて創造的前進のために希望の証言として広く読まれ、役立てられることを望んでやみません。

二〇一五年八月

山内　一郎

まえがき

本書は、学院の創立者W・R・ランバスの使命や学院の歴史の諸断面をめぐり、筆者が折々に触れて発表してきた論考をまとめた論文集です。

抑々、筆者が関西学院の歴史に深く関心を抱くにいたった契機は、約三〇年前の一九八六年の夏休み、神学部の小林信雄先生、山内一郎先生に同伴してアメリカとカナダに資料収集の旅をしたことに由来しています。それは、学院の歴史に大きな足跡を残されたW・R・ランバスやC・J・L・ベーツなどの宣教師の方々、学院の歴史に深いかかわりをもつミッションボードの英文資料の調査・収集の目的として出かけた旅でした。

この資料収集の旅では、筆者はひたすら膨大な資料を小林先生や山内先生から指示されるままにコピーする担当でしたが、その作業を通して、一枚一枚の資料の背後から血のにじむような当時の宣教師の学院への使命と情熱が伝わってくる思いがいたしました。その意味で、このような資料収集の旅が、その後の学院史研究の原点になったと思わされています。その後、筆者は、学院のキリスト教研究の機関として展開していたキリスト教主義教育研究室（小林信雄室長）の歴史部門に研究員として関わり、学院の歴史研究に取り組むようになりましたが、大きなエポックとなったのは、一九八九年の学院創立一〇〇周年を機に発足した関西学院百年史編集委員会の委員として八年間、共同の編纂事業に関わりを与えられてきたことでした。その編纂事業への参与を通して、学院史の豊かな鉱脈に出会い、関心の向くままに『関西学院史紀要』を中心に執筆してきた論考をまとめたものが本書です。

本書の構成は、第Ⅰ部がW・R・ランバスの使命をめぐる論考を四編まとめました。第1章の論考「W・R・ランバスの瀬戸内宣教圏構想」は、W・R・ランバス生誕一五〇周年に際して大学図書館が記念の展示会を開催し、その折に記念講演を行った内容を収録したものです。また、第2章の論考「南メソヂスト監督教会によって創設された教会と学校」は、その記念講演の資料集として関連の学校及び教会の協力を得て作成されたものです。さらに、第3章の論考「中国におけるW・R・ランバス宣教師の足跡を求めて」は、二〇〇七年の夏期休暇、筆者が姉妹校の中国吉林大学との交流プログラムで二週間ほど訪問した際に、吉林大学のご好意で中国におけるW・R・ランバスの足跡を調査研究する機会が与えられ、その成果をまとめたものです。そして、第4章の論考「草創期のエキュメニカル運動とW・R・ランバス」は、現代世界のキリスト教の動向に大きな方向性を与えた一九一〇年のエディンバラにおける世界宣教会議において、W・R・ランバスが重要な貢献を果たしたことを中心に考察した内容を収録したものです。

本書の第Ⅱ部は、関西学院の鉱脈をめぐって、折々に執筆してきた諸論考です。第1章の論考「キリスト教教育学校同盟と関西学院――ベーツ院長の関わりを中心として」は、筆者が八年間関わった『キリスト教学校教育同盟百年史』の共同編纂から気づかされた一つとして、これまで学院史において言及されることがなかったキリスト教学校教育同盟におけるベーツ院長の指導的な役割・貢献について考察した小文です。また、第2章の論考「民藝運動と関西学院――雑誌『工藝』を中心として」は、大学図書館が高価で貴重な雑誌『工藝』全巻を購入したことを記念して展示会を開催した際に記念講演を行い、これまで余り知られなかった民藝運動と学院の関係を、柳宗悦、寿岳文章、外村吉之介を中心に論述したものです。さらに、第3章の論考「暁明館の成立と変遷――関西学院社会奉仕会の足跡を求めて」は、戦前に大阪で開花した学院の Mastery for Service の事例として、教員と学生から構成された社会奉仕会の暁明館（現・此花区の暁明館病院）の展開をめぐって考察したものです。第4章の論考「戦前における関西学院神学部の教育と思想の特色――韓国からの留学生との関係で」は、戦前における韓国のメソヂスト教会の神学形成に与えた日本の神学の影響をめぐって、韓国の監理教神学大学の李徳周教授との共同研究を進め、一昨年の秋に韓国監理教神学大学創立一二六周年記念に際して行ったシンポジウムでの講演内容です。最後の第5章の論考「世界宣教の系譜と戦後の神学部同窓」は、昨年の二月に「宣教における連帯と対話」と題して開催した神学部主催の神学セミナーで講演したもので、戦後、世界各地で宣教師あるいは宣教協力の担い手として活躍してきておられる神学部の同窓の働きを考察した内容です。そして、学院の同窓会報『母校通信』にこれまで学院史をめぐって連載させていただいた随想を「コラム」として各論稿の間に挿入いたしました。

以上のように、本書の収めた論考及び随想は、小林信雄先生や山内一郎先生はじめ、これまでの諸先輩の先生方の資料収集及び研究成果を継承しつつ、学院史という豊かな鉱脈から筆者なりのアプローチで掘り起こしてきたささやかな成果です。どこからでも自由に読んでいただき、関西学院の歴史に多少なりとも関心を抱いていただけたら望外の喜びです。

神田 健次

目次

第Ⅰ部

W・R・ランバスの使命

第1章 W・R・ランバスの瀬戸内宣教圏構想

はじめに

関西学院の創立者であるW・R・ランバス生誕一五〇周年記念行事の一環として、今回の「創立者ウォルター・R・ランバスのたどった足跡―生誕一五〇周年を記念して―」という展示が、大学図書館において開催されている。

今回の展示においては、これまでのランバス研究の成果を継承しつつ、新たな視点からの研究成果を提示しようと試みた。「瀬戸内宣教圏構想」についていえば、従来の研究は、主としてランバス父子による宣教の足跡を歴史的にアプローチしてきた傾向にある。確かに宣教の足跡をたどるアプローチとして、時間的・歴史的な考察は必須のアプローチであるが、同時に空間的・地理的な考察が伴わなければ、当時の宣教の力動的な軌跡を充分に把握することはできないのではないかという理由から、今回は特に当時の交通手段の展開と宣教との関連の考察を重視しつつこのテーマにアプローチを試みた。

このような研究への動機として、『関西学院百年史』を共同で編纂・執筆する作業の中から、W・R・ランバスの「瀬戸内宣教圏構想」についての関心をすでに喚起されていたが、とりわけ初代教会のパウロにおける地中海沿岸の都市宣教圏を社会学的にアプローチしたW・A・ミークスの研究（『古代都市のキリスト教――パウロ伝道圏の社会学的研究』加山久夫監訳、ヨルダン社、一九八九年）から刺激を受け、今回の研究構想が芽生えてきた。特に、この約四年間、学部長という職責上、瀬戸内宣教圏の諸教会の多くの教会や学校を訪問する機会が与えられ、その構想も膨らんできたといえる。例えば、宇和島の教会を二度ほど訪問する機会があったが、その地へは今でも神戸から決して容易でない距離であり、何度も列車を乗り換えてやっとの思いで辿り着く。

この宇和島まで、当時、ランバスは一体どのような交通手段で、どれくらい時間を費やして訪れたのであろうかという思いを抱かざるを得ないのである。ジオラマにおいては、W・R・ランバスが日本滞在中（一八八六―九〇年）に創設された一三の教会を赤い屋根で表示し、離日以降、日本メソヂスト教会の成立に至るまでの期間（一八九〇―一九〇七年）に創設された一四の教会を青い屋根で表示している。さらに白い屋根で表示されているのは、今日ランバス・リーグと呼ばれる五つの学校である。各教会と学校の可能な限り古い写真と現在の写真とを掲載し、簡潔な説明を施している。今回の講演においては、時間の制約もあるので、W・R・ランバスが滞在期間中に創設された教会と学校を中心として取り扱いたい。

1　W・R・ランバスの構想

（1）上海から神戸へ

最初に、南メソヂスト監督教会の中国宣教の経緯について簡潔に述べておきたい。一八四六年に南メソヂスト監督教会は、第一回総会において、開国間もない中国での宣教開始を決定した。一八四八年ベンジャミン・ジェンキンズとチャールズ・テイラーの家族とが中国に到着し、一八五二年までに中国教区が設立された。一八五四年にJ・W・ランバスが中国の上海へ宣教師として赴任し、同年ウォルターが誕生した。一八七七年にはウォルターが、米国の大学を卒業後デイジー・ケリーと結婚し、中国へ出発し、医療宣教に従事した。上海郊外に麻薬中毒療養所を開設し、また蘇州や北京などでも医療宣教を展開している。

ところで、中国で長年総理の役割を担ってきたJ・W・ランバスは、一八八〇年に妻と共にアメリカに一時帰国するが、翌年、マクティエール監督は、代わってY・J・アレンに総理の重責と婦人宣教部の調整役を担うよう命じた。アレンは、ランバスの留守中に大胆な改革を行い、一八八二年一月にJ・W・ランバス夫妻が中国に戻った時、ランバスの目にはアレンが中国宣教部を独裁しているように映った。また、総理としてのランバスの能力に批判的な監督の手紙や、アレンの提案に同意する中国宣教部の態度にランバスは深く傷ついた。

一八八五年、蘇州で行われた会議で、ランバス父子の中国宣教辞任が読み上げられた。辞任の理由は明記されていないが、ランバス側には次の要因があったものと思われる。(1)健康上の理由により蘇州で家族は健康に暮らしていけない。(2)教育と伝道に関するアレンとの意見の相違があった。(3)儒教とキリスト教の問題に関して、当初から、J・W・ランバスは儒教を教えることに批判的であったが、アレンは儒教に理解があり、中国での青少年教育に必要であることを認めていた。(4)深刻な意見の相違があり、会議の席上、自由な意見を言えないし、また議論されないまま、あたかも全員の同意があるかのように計画を公にする総理のやり方に、ランバスは賛同できなかった（Melville O. Williams, Jr., "From Mission to Annual Conference: The Work of the Methodist Episcopal Church, Southin China, 1848-1886" *Methodist History*, 31: 3 April 1993）。日本の宣教開始は、一八八五（明治一八）年五月六日、米国・南メソヂスト監督教会宣教局が三〇〇〇ドルの資金をもって日本に宣教部を設立する決議を行った時点に由来する。マクティエール監督により、年令と健康上の理由から、J・W・ランバスではなく、その息子W・R・ランバスが総理に任命されている。翌年の四月二〇日、南メソヂスト監督教会は、O・A・デュークスとランバス父子の三名とその家族を日本宣教部員として任命し、七月二五日にJ・W・ランバス夫妻とその娘ノラおよびO・A・デュークスが、神戸に到着し、宣教を開始している。九月一五―一七日に日本宣教部が開設され、W・R・ランバスが総理として任命された。神戸栄光教会の創設はこの時とされている。さらに一一月二四日には、W・R・ランバスが家族とともに北京から神戸に到着し、本格的に宣教が着手される体制が整ったのである。

(2)「瀬戸内宣教圏構想」について

米国・南メソヂスト監督教会が、神戸に宣教の拠点を据えた理由については、一八八七年にW・R・ランバスが宣教局に提出した報告書に以下のように明記されている。

(1)神戸は宣教地として我々に開かれた地域の中心である。メソヂスト監督教会は、神戸から二〇〇マイル北(東)までと二〇〇マイル南(西)まで、つまり関東以北、東海、北西九州を宣教地としている(南メソヂスト監督教会はこれ以降、近畿、中国、四国、東九州を宣教地とするようになった)。

(2)やがて全線開通する鉄道路線の中心である(新橋⇕神戸間の東海道線はその二年後、一八八九年七月に全線開通した)。

(3)日本中で四季を通じて最も健康に適した海港である。

(4)通至便な瀬戸内海を通して主要な地方都市と連絡ができる。

(5)神戸は条約港(居留地)としてアメリカ、イギリス、中国と毎週連絡が取れ、外国人として居住ができ、また日本人に雇われないで宣教の仕事ができる。

(6) 地形的条件が優れており、大阪、京都という大都会に近く、今後の活動の見通しは明るい。

（『関西学院百年史　通史編』四七―四八頁）

南メソヂスト監督教会が、日本宣教を開始した一八八六年には、すでに多くの宣教局が宣教活動を展開していたので、出遅れた開始となったといえる。同じ北米からのメソヂスト監督教会としては、一八七三年に米国・メソヂスト監督教会が宣教を開始し、東京と東北地方、および九州の西部と北部に展開し、一八七九年には長崎の活水女学校（現・活水女学院）、一八八五年には福岡英和女学校（現・福岡女学院）を設立している。またカナダ・メソヂスト教会も、一八七三年に宣教に着手し、東京、静岡、山梨、長野等に展開している。さらに関西においては、例えば、アメリカンボードの宣教活動により、一八七四年に摂津第一公会（現・神戸教会）と第二公会（現・大阪教会）が創設され、また一八七五年には女子の寄宿学校（現・神戸女学院）と同志社英学校（現・同志社）、一八七八年には梅花女学校（現・梅花学園）等が創立されていたのである。しかし、このように出遅れた南メソヂスト監督教会の宣教開始ではあったが、交通面の新たな展開という要因を宣教の構想で最大限に活用しようとしたのが、「瀬戸内宣教圏構想」といえる。一八八六年一二月三一日に、神戸の居留地に宣教部が置かれ、三つの巡回区の設置が決定された。神戸巡回区はW・R・ランバスが、琵琶湖巡回区（大阪、京都、琵琶湖沿岸）はO・A・デュークスが、そして広島巡回区（広島、山口、下関）はJ・W・ランバスが、それぞれ主任として責任を担うこととなった。なお、この「巡回区」は英語の「サーキット」の訳であるが、メソヂスト固有の宣教方式である。

2　宣教と交通手段

(1) 陸路

W・R・ランバスの瀬戸内宣教圏構想を可能にした重要な要因の一つは、明治期中期に大きく展開を見た交通手段であった。まず鉄道の発展状況を概観すれば、東海道線は、一八七四（明治七）年五月に、大阪⇕神戸間が開業した。一八七七年二月には、大阪⇔京都間が開業し、一八八〇年七月には、京都⇕大津間が開業している。そして関西学院が創立された一八八九年の七月に、東海道線の新橋⇕神戸間が全通したのである。直通列車は、一日一往復のみで、運賃は下等（三等）で三円七六銭であり、所要時間は、下り二〇時間五分、上り二〇時間一〇分を要している。一八九一年一月の時刻改正で、新橋⇕神戸間は二往復に増発となり、新橋⇕大阪間にも一往復運転される。同年五月一日には新橋⇕神戸間の所要時間は一九時間四一分に短縮され、新橋⇕大阪間の下り列車が神戸へ延長となる。一八九六年九月、新橋⇕神戸間に「急行」列車が運転開始した。展示では、当時の神戸停車場と実際に走っていた蒸気機関車の写真をパネルにした。

①神戸停車場（1874 年完成）

1896 年 9 月、新橋⇔神戸間に「急行」列車が運転開始した当時の神戸停車場

また、私鉄であった山陽鉄道は、一八八八年一一月に兵庫⇕明石間で開通し、一八八九年九月には、神戸⇕兵庫間で開通したことにより、官設鉄道へ接続できた。神戸⇕岡山間では、二一駅中七駅を通過し、岡山以西は

各駅停車であったが、他の列車と山陽鉄道により神戸⇕姫路間が開業し、その後小刻みに尾道まで開通した。さらに一八九四年六月には、三原（現・糸崎）⇕広島間の開通のため神戸⇕広島間が開通し、昼行二往復、夜行一往復の列車が運転され、一番速い列車でも九時間四〇分を要した。一八九四年一〇月、時刻改正を行い神戸⇕広島間三往復のうち昼行き一往復を急行列車として運転を開始している。これは日本の鉄道では最初の長距離急行列車で、所要時間は八時間五六分で、四四分の短縮となった。そして一九〇一年五月には、厚狭⇕馬関（現・下関）間の開業により、ついに山陽鉄道神戸⇕馬関間が全通したのである。

その他、当時の陸路の交通手段として、馬車や籠、人力車や自転車等が利用されていた。展示では、ウィルソン監督が籠に乗って教会を巡回する写真をパネルにしているが、貴重な写真である。また御影教会の古い写真では、

②蒸気機関車（1873年製）

当時実際に走っていた蒸気機関車

③籠

ウィルソン監督が籠に乗って
教会を巡回する姿

④人力車

御影教会の前に人力車が待っている光景

⑤徒歩

宣教師ターナーと通訳の柳原浪夫と荷物を持った男性が徒歩で宣教している写真

教会の前に人力車が待っている光景がみられ、当時は今日のタクシーのような役割を果たしていたことが、明治期の人力車の利用状況から窺える。展示においては、また、宣教師のターナーと通訳の柳原浪夫と荷物を持った男が、徒歩で宣教している写真がパネルにされているが、この写真も当時の宣教活動の一齣を伝えるものとして貴重なものである。

(2) 海路

他方、海路については、瀬戸内航路の展開が重要な交通手段となっている。従来、小規模の商船会社が数多く競合していたが、それらを統合するかたちで一八八四年に大阪商船が設立されたことは、瀬戸内航路の発展にとって画期的な出来事であった。その多岐にわたる航路は、瀬戸内海沿岸の主要な地域に寄港することとなり、W・R・ランバスの「瀬戸内宣教圏構想」は、まさにこのような大阪商船の瀬戸内航路の整備と展開なしにはあり得なかったといっても過言ではない。一八八四年の大阪商船設立時の航路及び時刻表を見てみると、航路としては一八本線と三支線が掲載されており、瀬戸内沿岸の主要な地域を網羅していることが窺える。例えば、神戸から宇和島まで行く場合、第九本線の大阪宇和島線を利用することになるが、神戸、多度津、今治、三津ヶ濱、長濱、別府、大分、佐賀ノ関、八幡浜、宇和島という航路で、宇和島までは三日を要している。しかも、月に九便しかないので、今日に比べていかに大変で困難な旅であったかがわかる。時には、遭難の危険をともなっていたことについて、W・R・ランバス自身も、実際に遭難しかけた体験を回顧して語っている（“Articles on Japan”「日本雑記」を参照）。展示では、当時の神戸港の風景と実際に走行していた明石丸の写真をパネルにした。

⑥神戸港の風景（1905 年頃）

⑦明石丸（1888 年製造）

3　神戸と広島を中心とした宣教の働き

(1) 神戸から琵琶湖にかけて

まず最初に神戸における宣教活動であるが、教会から見てみれば、一八八六年九月一七日に南美以神戸教会、後に神戸美以教会（現・神戸栄光教会）が創設された。この教会は、関西学院の母教会と呼べる教会であるが、阪神・淡路大震災によって会堂が倒壊し、二〇〇四年九月に一〇年を経て神戸のシンボルとして見事に再建された。一八八九年八月二五日には、J・W・ランバスによって姫路宣教が着手され、これが姫路五軒邸教会の創設となっている。教会の創設年を、宣教開始時とするか、講義所の設立時とするか、教会によって異なるが、教会の主張を尊重している。姫路への宣教には、山陽鉄道が活用されている。

また一八八六年より、兵庫区では南美以神戸教会の勧士鵜崎庚午郎（神学部一期生、後の日本メソヂスト第三代監督）により聖書講義が行われていたが、一八八九年一〇月二〇日にその聖書講義所をもって現在の兵庫松本通教会が創設された。さらに一八九〇年に、神学部長J・C・C・ニュートンを招いて御影講義所（現・御影教会）が創設された。

学校に関しては、一八八六年一一月に、神戸居留地四七番館で、J・W・ランバスが始めていた英語夜間学校に、W・R・ランバスが「読書館」を設け、一八八七年一月には最初の寄付者W・B・パルモアの名にちなんでパルモア英学院（現・パルモア学院専門学校）が創立された。また一八八八年九月、J・W・ランバスの妻メアリーにより、神戸に神戸婦人伝道学校（一八九九年、ランバス記念伝道女学校と改称。現・聖和大学の前身の一つ）が創立され、さらに一八八九年九月、W・R・ランバスにより関西学院が創立された。なお、ランバス・リーグに属する啓明女学院は、一九二三年にパルモア学院の女子部として創立された。

大阪へのアクセスには鉄道が利用され、一八八七年にJ・W・ランバスが、大阪での宣教に着手し、中之島洗心館ホテルで集会がもたれていた。翌年、蘆田慶治（後に神学部教授）が大阪の初穂として、J・W・ランバスより受洗した。一八八九年二月二二日には、大阪東部教会（現・東梅田教会）が創設され、初代牧師としてE・タウソンが就任した。その後一八九五年九月二九日に、堺講義所（現・堺清水橋教会）が創設された。

さらに京都から琵琶湖にかけてであるが、交通手段としては鉄道が利用され、デュークスを中心に当初より宣教の取り組みがなされていた。しかし、同志社との関連で宣教の進展は困難をきわめ、ランバス滞在期に教会が創設されることはなかった。南メソヂスト監督教会の京都における最初の宣教の実りは、一八九八年に神戸地区京都講義所（現・京都御幸町教会）の創設であり、その後一九〇六年には、伏見基督教講義所（現・伏見教会）が創設されている。

(2) 広島を中心として

南メソヂスト監督教会の宣教活動におけるもう一つの拠点は広島であり、学校の創立としては広島英和女学校（現・広島女学院）が一八八七年四月に創立されている事は、その前年の一〇月一日に、砂本貞吉が、J・W・ランバスの応援を求めて、広島市西大工町に女子塾を開設したところにこの学校のルーツが求められる。その経緯については以下に記されている。

砂本がJ・W・ランバスを訪れて広島伝道を願い出たのは、一〇月に入って間もないころのことだったと考えられるが、模索中であった日本宣教部にとって、砂本のこの訪問は決定的な役割を果たした。これがきっか

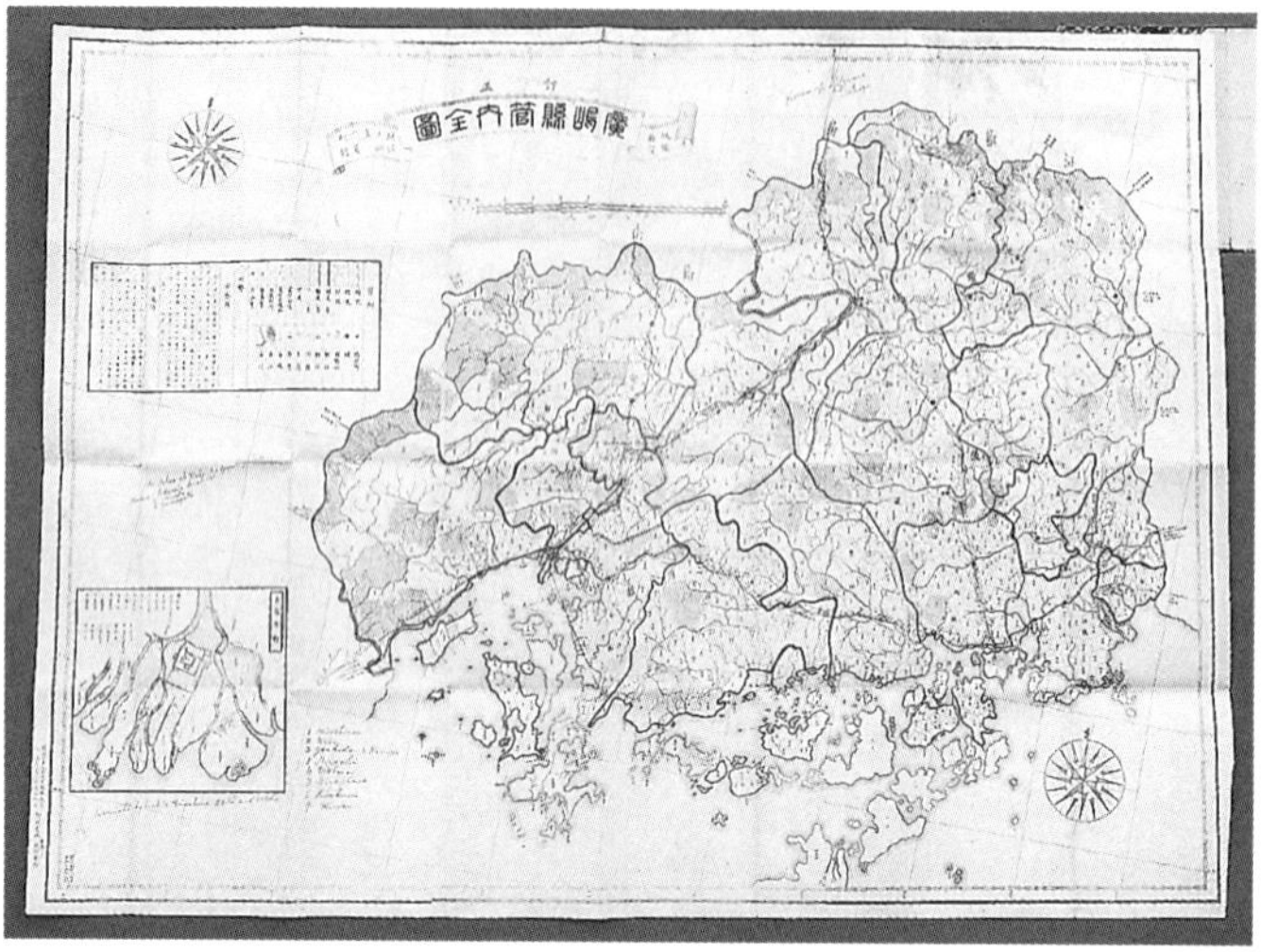

⑧広島県管区全図（明治14年2月2日再版）

広島から出発して可部―吉田―三次―尾道―三原―本郷―田万里―西条―上瀬野―海田―広島に至る巡回地が赤色の直線で示され、それぞれの距離が記入されている

けで、同宣教部は琵琶湖巡回・神戸巡回・広島巡回という三つの宣教区を含む伝道域を設定することになるのである。J・W・ランバスは、砂本のこの招きを、マケドニアン・コールと呼んで、パウロのマケドニア伝道への召命になぞらえた。約二週間後、砂本はランバスに書状を送り、いよいよ広島での活動の機が熟したことを伝え、これを受けてJ・W・ランバスが〈その最初の日本人受洗者であった〉鈴木愿太とともに神戸を発ち、広島に到着したのは一〇月二五日のことであった。広島伝道・女学校創設へむけての第一歩である。

（『広島女学院百年史』三頁）

さらに一八八七年一〇月一二日に、初代校長（校母）N・B・ゲーンスは広島赴任を命じられ、W・R・ランバス夫妻と共に一〇月一二日の夜おそく到着しているが、神戸から広島の宇品港へは船で、その後人力車を利用している。その時の状況について、「W・R・ランバス夫妻はゲーンス女史と共に、広島へと発った。旅は、狭くこみあった船を使ったものであった。しかし、船中の窮屈さと居心地の悪さは、外の美しい景色でカバーされた。『瀬戸内海の素晴らしい夜明けは、天国のようでした』とゲーンス女史に言わせたほどであった。港についた後、人力車で三マイル先にある宿屋に行った。途中、三人は塩田や田んぼを通り抜けたが、車夫は彼女らに心遣いを示してくれ、なかなか快適なものであった」（『広島女学院百年史』二六頁）と、記されている。

広島では、広島英和女学校の創立とともに、一八八七（明治二〇）年五月八日に広島美以教会（現・広島流川教会）が創設されている。この教会は、神戸栄光教会に次ぐ教会として山陽地域における宣教活動の中核となったといえる。戦時期に被爆した教会としても有名であり、戦後の広島における平和運動の一つの重要な拠点となってきた教会であり、現在も被爆した十字架が掲げられ、世界の平和と和解の象徴となっている。被爆した教会の牧師谷本清、女学院院長の松本卓夫の平和運動への貢献は、大きなものであるが、二人とも同窓であり、神学部出身である（『関西学院史紀要』第九号参照）。

広島美以教会を拠点とした宣教の展開によって、一八八九年には岩国講義所（現・岩国教会）が創設された。またランバス帰国以降では、一八九一年に山口講義所（現・山口信愛教会）、一八九七年には福山講義所（現・福山東教会）、一八九三年には徳山講義所（現・徳山教会）、一九〇四年、呉講義所（現・呉平安教会）、一九〇六年、三田尻講義所（現・防府教会）が創設されている。このような山陽地域における宣教の展開を考える上で、山陽鉄道が一八九四年に神戸⇔広島間に開通し、一九〇一年には神戸⇔馬関（下関）間に開通したという、交通の発達状況は考慮されるべきであろう。南メソヂスト監督教会が、いかに綿密に宣教戦略を立てていたかについては、今回、展示されている広島県の地図に綿密に宣教戦略を書き込んだ資料からも明らかである。広島県の北部では庄原が記入されているが、この庄原へはランバス父子も何度か宣教に訪れている。しかし、教会の創設には至らなかっ

⑨売店「ランバス」（広島県庄原）

広島県の庄原は、1888（明治21）年J. W. ランバスが砂本貞吉と共に訪れ、英語教師の松浦豊吉の家族ほか数名に洗礼を授けた。しかし、その後、庄原には教会が創設されることはなかった。現在、庄原にある国営備北丘陵公園の一角にある売店がランバスの名を残している

た。興味深いのは、現在、国営備北丘陵公園の一角にある売店が「ランバス」の名を残していることである。

4　四国の瀬戸内沿岸と九州東部

（1）四国の瀬戸内沿岸

ランバス父子が、四国の瀬戸内沿岸に宣教のため訪れたのは、愛媛県の宇和島であった。W・R・ランバスの「日本雑記」によれば、一八八七年の春、大阪から宇和島に帰省中の篠原資、西村静一郎とが計り、J・W・ランバスを招いたことが、最初の契機であった。J・W・ランバスが、岡健太と共に宇和島を訪れたのは五月であり、宿舎居村旅館で聖書教授を行っている。ここでもマケドニアン・コールといえる呼びかけがあったが、もう一つの繋がりは、同年九月一五日、W・R・ランバスが旧宇和島藩主の伊達家を訪問し、宗紀候を診察していることである。

この訪問について、『神戸又新日報』は、「當居留地四十七番館に住むドクトル、ランバス氏は先般宇和島地方へ赴

き夫より海を渡りて廣嶋に到り　ここにて豫て同地方へ出掛けゐたる氏の父に會し相携へて去る二十二日帰神せり宇和島に到りし時は偶々伊達家より招かれその依頼によりて先頃より病に罹り危篤なる春山老公（旧宇和島藩主にて現戸主伊達宗徳君の実父）を診察したるよし　公は當年九十八歳にて近ごろまで頗る矍鑠たり……」（『神戸又新日報』一八八七年九月二五日）と、報じている。

興味深い点は、宇和島でのこの診察が、Ｗ・Ｒ・ランバスの日本での医療行為としては大変珍しいということである。中国やアフリカ等では、医療宣教が主体であったといえるが、日本ではすでに医療宣教の必要がなかったという状況があったと思われる。

このようなランバス父子の宇和島における働きが実り、一八八七年九月二五日に宇和島美以教会（現・宇和島中町教会）が創設され、Ｊ・Ｗ・ランバスが初代牧師となっている。一一月二〇日には、Ｗ・Ｒ・ランバスにより、中村草友、笠原隆久が受洗している。さらに、宇和島中町教会の教会員原簿によれば、一八八八年九月一八日に一〇名、一二月に八名、一八八九年二月二二日には二名、一八九〇年六月二一日に四名、何れもＪ・Ｗ・ランバスより受洗している。明治初期のキリスト教受容の特色として、多くの没落士族の子弟が、新しい時代を生きるために英語を取得し、新たな精神的支柱としてキリスト教を受け入れていったといえるが、城下町宇和島でもこのような傾向が顕著にみられたのである。

また宇和島から近い八幡浜への宣教により、一八八八年一〇月一一日に八幡浜教会が創設され、さらに香川県の多度津への宣教により、一八八九年一一月二〇日に多度津教会が創設された。当初、牧師不在であったため、日曜の礼拝毎に前日から神戸より多度津へ船で通い、支援し続けた神学生が、後に日曜学校運動で大きな足跡を残した三戸吉太郎である。なお、一八九一年に松山教会（現・松山番町教会）が創設された。

（2）九州東部

九州東部の大分に宣教が展開された理由としては、メソヂスト監督教会が西部と北部を中心に展開していたのでまだ東部に余地があったこと、さらに大阪商船の大阪宇和島航路が大分に寄港していたため宇和島から近かったことがあげられる。大分の宣教には、W・R・ランバスが深く関わっているが、まず一八八八年七月二一日に二名、七月二七日には二名、二九日に一名、さらに九月一六日には久留島武彦ら五名に授洗した。一〇月二八日に柳原浪夫ら九名に、C・B・モズレーが授洗しているが、一二月一六日にはW・R・ランバスが、釘宮辰生ら五名に授洗し、一二月一七日に大分南美以教会（現・大分教会）が創設されたのである。

特筆すべき出来事は、一八八九年、W・R・ランバスが、吉岡美国や幹事中村平三郎らとともに大分で宣教活動を行っていたS・H・ウェンライトを訪れた際、一二月三一日の除夜会の説教を通して、聖霊の働きによるリヴァイバルを体験したことである。こうしたW・R・ランバスなどの働きによって形成された群れは、「大分バンド」と呼ばれ、柳原浪夫、久留島武彦（のちに児童文学者）、釘宮辰生等がその代表的な人物である。明治期のキリスト教において、札幌、横浜、熊本の三大バンドの他に、メソヂストでは弘前バンド、小石川バンド、静岡バンド等の小バンドの存在が注目されているが、関西学院と深く関係しているこの大分バンドも、その一つに加えられるであろう。

さらに、大分教会のウェンライトが、一八八九年一一月一日に杵築に人を派遣し、杵築講義所（現・杵築教会）が創設され、また木戸鉄三郎を派遣し、一八九〇年一二月八日には佐伯講義所（現・佐伯教会）が創設された。その後大分では、一八九七年五月五日に中津講義所（現・中津教会）、同年一〇月三一日には国東講義所（現・国東教会）が創設された。

また、大分の中津より南メソヂスト教会宣教師W・J・キャラハンが福岡県の田川へ赴き、一九〇二年に田川講義所（現・田川教会）を、そして翌一九〇三年には、同じくキャラハンにより豊前行橋講義所（現・行橋教会）を創設した。

⑩柳原浪夫《やなぎはらなみお》

S.H.ウェンライト宣教師の館で起こった大分リヴァイヴァルで献身を誓い関西学院神学部初期の学生となった

⑪久留島武彦《くるしまたけひこ》

口演童話の開拓者として知られた児童文学者。大分で受洗。草創期の関西学院に学んだ。日本のアンデルセンと呼ばれ、黎明期の児童福祉文化の向上に努め、我が国の児童文学史に大きな足跡を残した

⑫釘宮辰生《くぎみやときお》

日本メソヂスト教会第五代監督。関西学院教会の第七代牧師。関西学院理事。関西学院大学神学部には釘宮記念奨学金が設定されている

結び

以上、W・R・ランバスの「瀬戸内宣教圏構想」とその構想の具体化のプロセスをめぐって、宣教と当時の交通手段との関係の視点から述べてきた。これまで、歴史的アプローチだけでは十分に把握できなかったランバスの構想とその具体化のプロセスが、今回の展示を通して少しでも理解していただけたら幸いである。今回のW・R・ランバス生誕一五〇周年の特別展示を通して、もう一度、関西学院の原点に立ち返り、そこから現在と明日の学院を共に考える示唆を与えられたい。

〔注記〕本講演会の全文は『関西学院史紀要』（第一一号、二〇〇五年）に掲載されている。

COLUMN

最初の卒業生とJ・C・C・ニュートン先生

卒業式の季節を迎えています。毎年のように約五〇〇〇名の卒業生が巣立っていきますが、学院の最初の卒業生がわずか三名であったことを思えば感慨深いものがあります。

最初の卒業生は、鵜崎庚午郎氏、田中義弘氏、中山栄之助氏の三名で、いずれも一八九一年に卒業の神学部第一回生でした。このうち中山氏は、卒業後四国で宣教活動に携わっていましたが、二六歳の若さで病没されました。

また田中氏は、南美以神戸教会（現神戸栄光教会）の最初の日本人牧師となりますが、一九一一年に母校に戻って神学部教授、礼拝主事を歴任し、二〇年以降は中学部長を務めました。さらに鵜崎氏は、卒業後神戸、広島、大阪、京都などで牧会に当たった後、一九〇七年成立した日本メソヂスト教会の機関誌『護教』の主筆となり、同教会伝道局長、鎮西学院長などを経て一九一九年に日本メソヂスト教会の第三代監督に就任し、日本基督教会同盟会長など要職も務め、キリスト教界の指導者として国内外で活躍されました。

ところで、最初の卒業生の三名は、いずれも最初の一年間は東京のフィランデル・スミス・メソヂスト一致神学校で学んでいました。この一致神学校は、メソヂスト監督教会によって設立された東京英学校（現、青山学院）とカナダ・メソヂスト教会によって設立された東洋英和学校神学部が、一八八六年に合同して東京の青山に設立した連合神学教育機関です。南メソヂスト監督教会にもこの連合への参加が公式に要請され、一八八八年にはJ・C・C・ニュートン宣教師（一八四八—一九三一）が教授として派遣され、また同行した数名の学生たちもそこで学んでいました。そして、一八八九年に米国南メソヂスト監督教会のＷ・Ｒ・ランバス宣教師によって関西学院が創立して以降、Ｊ・Ｃ・Ｃ・ニュートン先生と共に神学部の第一回生として移籍し、二年間学んで卒業しています。

ニュートン先生は、アメリカ・サウスカロライナ州に生まれ、南北戦争後、志を立てて宣教師になることを決意され、一八七四年に南メソヂスト監督教会の牧師となる按手を受け、一八八八年までケンタッキー州、メリーランド州で牧会に従事し、その間一八八四年から二年間ジョーンズ・ホプキンス大学研究科に学んでいます。一八八八年来日し、前述のように、東京のフィランデル・スミス・メソヂスト一致神学校の教授となり、翌年関西学院が創設された時、南メソヂスト監督教会から派遣されていた神学生たちとともに神学部長として関西学院に赴任しました。一八九七年に大病を患って一時帰国して療養しましたが、一九〇四年、関西学院の要請により再来日して神学部長に就任し、同年、ウォフォード大学から名誉神学博士号を受けました。一九一六年には関西学院第三代院長に就任し、一九二〇年に老齢と健康上の理由から院長を辞任するまでその職責を果たされました。退任後も神学部教授として神学教育に従事し、一九二三年に退職されました。ニュートン先生は初代の図書館長としても貢献されました

最初の神学部卒業生と教員　1891 年

前列左から　中山、鵜崎、田中　後列左から二人目ニュートン先生

晩年のニュートン先生

が、大学図書館のJ・C・C・Newton賞は、ニュートン先生にちなんで命名されたものです。

　教育者としてのニュートン先生の印象について、かつての教え子でもある矢内正一先生は、「日本人に対してアメリカ人がもっているいちばんいいものを残さなければならないという温かい気持が溢れていて、実に人間として大きいという感じがしました」と述べています。学生たちには必ず「ブラザー！」と呼んで握手を交わし、精魂を傾けて教育を実践したニュートン先生は、多くの学院生から慕われる存在でした。

　帰国後はジョージア州アトランタにおいて、ニュートン先生は、スカーレット・カレッジや、南メソジスト大学で教鞭をとり、講演、著作等を続け、一九三一年に八三歳で亡くなられました。最後まで関西学院への愛と祈りを貫かれた先生のご生涯は、“I want to go to heaven through Kwansei Gakuin.”いう言葉によく表れているのではないでしょうか。

第2章 南メソヂスト監督教会によって創設された教会と学校

W・R・ランバスは、一八八九（明治二二）年に関西学院を創立した宣教師としてよく知られている。日本における宣教師としてのランバスの基本的構想は、「瀬戸内宣教圏構想」とも呼べる壮大なスケールをもつものであった。

一八八六（明治一九）年、米国南メソヂスト監督教会から派遣された宣教師として、J・W・ランバスとW・R・ランバスの父子が、前任地である中国から日本の神戸にやってきた。当時の神戸が、いかに宣教の拠点として優れた諸条件を備えているかについて、一八八七年に本国の宣教局に書き送った以下の諸条件こそ、ランバスの「瀬戸内宣教圏構想」の基本的な枠組みであるといえる。

(1)神戸は宣教地として我々に開かれた地域の中心である。メソヂスト監督教会は、神戸から二〇〇マイル北（東）までと三〇〇マイル南（西）まで、つまり関東以北、東海、北西九州を宣教地としている（南メソヂスト監督教会はこれ以後近畿、中国、四国、東九州を宣教地とするようになった）。(2)やがて全線開通する鉄道路線の中心である（新橋・神戸間の東海道線はその二年後、一八八九年七月に全線開通した）。(3)日本中で四季を通じて最も健康に適した海港である。⑷交通至便な瀬戸内海を通して主要な地方都市と連絡ができる。⑸神戸は条約港としてアメリカ、イギリス、中国と毎週連絡が取れ、外国人として居住ができ、また日本人に雇われないで宣教の仕事ができる。⑹地形的条件が優れており、大阪、京都という大都会に近く、今後の活動の見通しは明るい。

（『関西学院百年史　通史編Ⅰ』四七—四八頁より）

特別展示のジオラマでは、関西学院が創立された一八八九（明治二二）年当時の鉄道と一八八四年（明治一七）年当時の瀬戸内航路を再現しているが[1]、このような交通手段を活用して、南メソヂスト監督教会が、どのような広がりで瀬戸内海沿岸の都市を中心に教会や学校を建設していったかを理解することができるであろう。

ランバス滞在中（一八八六—九〇年）に創設された一三の教会を赤色の屋根で表示し、ランバス離日後に創設された一四の教会を青色の屋根で表示している。それぞれ、現存する古い教会の写真と現在の写真を掲載し、簡潔な説明を施している。なお、教会の組織的背景が、以下の三つの時期に歴史的に変遷してきている。

①一八八六—一九〇七年：「南メソヂスト監督教会（南美以美または南美以教会）」

②一九〇七—一九四一年：「日本メソヂスト教会」（メソヂスト監督教会、カナダ・メソヂスト教会、南メソヂスト監督教会三派の合同による）

③一九四一年—現在：「日本基督教団」

各教会の古い教会堂の写真には、「南メソヂスト監督教会時代」「日本メソヂスト教会時代」と表記しているが、現在の教会堂はすべて「日本基督教団」所属である。

1　W・R・ランバス滞在中に創設された教会

（1）神戸《こうべ》栄光《えいこう》教会《きょうかい》

一八八五（明治一八）年五月、南メソヂスト監督教会外国宣教局が第三九年会で行った日本宣教開始の決議に基づき、一八八六年九月一七日、神戸居留地四七番に日本宣教部を開設したことに始まる。当初、南美以美神戸教会、後に神戸美以教会と称した。教会創設と同時に開設した読書館が、後のパルモア学院である。初代牧師はW・R・ランバス、最初の信徒は鈴木愿太である。一八八七年八月、山二番館に移転し、翌年、会員の増加により第一会堂（中央区下山手五）を建設した。一九〇九年四月、日本メソヂスト教会三派合同により、日本メソヂスト神戸教会となり、一九二四（大正一三）年、新会堂（中央区下山手通五）の献堂式を行っている。

南メソヂスト監督教会時代

現在の姿

この古い教会堂の写真は、南メソヂスト監督教会時代のもので、一八八八年に献堂式が行われている。現在の教会堂は、二〇〇四（平成一六）年九月末に完成したもので、阪神大震災で全壊した前会堂の外観を復元している。

(2) 広島流川教会《ひろしまながれかわきょうかい》

一八八六（明治一九）年に、砂本貞吉がランバス父子の応援を得て宣教を開始したことに始まる。翌八七年五月八日、細工町（現大手町）の集会所で受洗者一三名とともに広島美以教会が創設された。南メソヂスト監督教会の瀬戸内宣教圏の一つの中心として、資金・人材両面の応援を得て、広島英和女学校（現広島女学院）と協力しながら発展した。一八九〇年五月、紙屋町に会堂を建て、一八九六年には自給教会となる。一九一四（大正三）年一一月、従来の敷地南側にゴシック風建築の教会堂が新築された。一九四一（昭和一六）年、日本基督教団成立にともない広島流川教会と改称する。

古い教会堂の写真は、日本メソヂスト教会時代のものであり、一九二八年に献堂式が行われた。現在の教会堂は、二〇一三年に献堂されたもので、礼拝堂の中央には、平和と和解の象徴として被爆した十字架が掲げられている。

南メソヂスト教会時代

現在の姿

（3）宇和島《うわじま》中町《なかのちょう》教会《きょうかい》

一八八七（明治二〇）年春、大阪から宇和島に帰省中の篠原資が英語学校を開いていた西村静一郎と計り、五月にJ・W・ランバスを招いたことに始まる。ランバスは昼間は英語学校で教え、夜は宿舎で約四〇名の聴衆を集めて聖書を講義した。九月に息子W・R・ランバスも宇和島を訪れ、病臥中の旧藩主伊達宗紀を診察した。この時の礼節が、宇和島の人々に深い印象を与え、大きな信望を得る契機となった。九月二五日には、J・W・ランバスが主任者となり宇和島美以教会が創設され、一一月二〇日、中村草友、笠原隆行が最初の洗礼を受けた。

この古い教会堂の写真は、南メソヂスト監督教会時代のもので、一八九六年に献堂式が行われた。この教会堂は、一九〇五年に増改築され、現在も使われている。

1896年頃撮影

現在の姿

（4）八幡浜教会《やわたはまきょうかい》

一八八〇（明治一三）年、大洲出身の桜井昭悳が同地をはじめ八幡浜、吉田、卯之町などにおいて宣教したことに始まる。一八八八年一〇月一一日、西村静一郎宅において八幡浜聖書研究会を開始したのが教会の創設である。一九〇三年、矢野町に最初の礼拝堂を献堂した。当初より宇和島教会の宣教師J・W・ランバス、W・A・デーヴィス、W・P・ターナーらの援助を受けていたが、一八八九年には、川之石宣教を開始し、後の保内教会設立（一九五〇年）の基となった。一九〇八年日本メソヂスト八幡浜教会と名称を改めた。

南メソヂスト監督教会時代

現在の姿

この古い教会堂の写真は、南メソヂスト監督教会時代のもので、一八九〇―一九六年まで会堂として借りていた民家である。現在の教会堂は、日本メソヂスト教会時代の一九三一（昭和六）年に献堂された。

(5) 大分教会《おおいたきょうかい》

一八八七（明治二〇）年、宣教師Ｊ・Ｃ・デーヴィソンらが長崎から巡回、町の中学に宣教師を招きたいとの願いを受け、これを神戸在住のＷ・Ｒ・ランバスに伝えた。一八八八年三月、南メソヂスト監督教会の宣教師Ｂ・Ｗ・ウォーターズ、代わって六月からはＳ・Ｈ・ウェンライト夫妻が大分中学校英語教師として着任し、校務の傍ら自宅を開放し聖書研究会を開いた。八月下旬に最初の受洗者五名を得たが、数カ月後には二四名になり、一八八八年一二月一七日、大分南美以教会が創設された。翌年の一二月には、Ｗ・Ｒ・ランバスも参加した除夜祈祷会で、聖霊の体験による回心の出来事（大分リヴァイバル）が起こっている。

この古い教会堂の写真は、南メソヂスト監督教会時代のもので、一八九四年に献堂式が行われた。現在の教会堂は一九六二（昭和三七）年に献堂された。

1899年頃撮影

現在の姿

（6）東梅田《ひがしうめだ》教会《きょうかい》

一九四五（昭和二〇）年一一月、戦災で会堂を焼失した四教会（大阪大手前教会、大阪両国橋教会、鶴町教会、大阪八幡屋教会）が合同して日本基督教団東梅田教会が成立した。大阪大手前教会は、一八八七（明治二〇）年、J・W・ランバスが大阪で宣教したことに始まる。翌年芦田慶治が受洗し、一八八九年二月二一日に主任者W・E・タウソンの下で大阪東部教会を創設する。大阪両国橋教会は、一八九一年、J・M・ロリンズにより大阪西部教会として創設され、一九〇九年会堂を新築、一九一四年に改称する。鶴町教会は一九〇四年、J・T・マイヤーズが西区南堀江に日曜学校を開いたことに始まり、一九一一年に堀江講義所となり、一九二三年に西区鶴町に移転した。大阪八幡屋教会は、一九二八年に鶴町教会の三浦泰一郎が兼任で講義所を設置し、一九四一年に会堂を購入、翌年大阪八幡屋教会と改称した。一九四五年三月六日の空襲により、四教会とも全焼し、同年一一月、宇都宮牧師を中心として大阪YMCAで合同集会を開き、翌年から合同礼拝を開始した。

1900年頃撮影

現在の姿

この古い教会堂の写真は、南メソヂスト監督教会時代の一八九五年に献堂された大阪東部教会の教会堂である。現在の教会堂は、二〇〇二（平成一四）年一月に献堂された。

（7）姫路《ひめじ》五軒邸《ごけんやしき》教会《きょうかい》

一八八九（明治二二）年八月二五日、Ｊ・Ｗ・ランバスによって姫路で宣教が着手されたが、その時をもって教会の創設とされている。一九〇四（明治三七）年、日本メソヂスト姫路教会と改称した。木下春三が伝道師として定住する。一九三九（昭和一四）年、五軒邸にある宣教師社団所有の宣教師館と敷地二四八坪及び会堂建築資金の約半額の寄贈を受け、教会堂木造平屋建四九坪を建築。一九四一年、日本基督教団の成立にともない、日本基督教団姫路五軒邸教会と改称。

この古い写真は、一九三九年に寄贈された宣教師館である。現在の教会堂は、二〇一四年のクリスマスに会堂建築が完成し、翌年の一月に献堂式が行われている。

1939年寄贈の宣教師館

現在の姿

（8）兵庫《ひょうご》松本通《まつもとどおり》教会《きょうかい》

一八八六（明治一九）年にJ・W・ランバスらによって創設された南美以美神戸（現神戸栄光）教会の勧士鵜崎庚午郎が、一八八九年一〇月二〇日、兵庫区佐比江町の忠馬泰造宅において聖書講義所を開いたことに始まる。この日を創立記念日と定めている。以後、アメリカ人宣教師、関西学院神学生の奉仕によってそれは維持され、一九〇四年六月二九日、関西学院神学部長J・C・C・ニュートンの尽力で兵庫区北仲町に講義所が創設された。翌年一二月一八日最初の受洗者二名（山本長兵衛・せい夫妻）を得た。一九〇九年補助教会に昇格し、日本メソヂスト兵庫教会と称した。会堂は一九一〇年二月に入江通、一九一四（大正三）年二月に水木通と場所を移したが、一九二三年一月兵庫区松本通八丁目の現在地にようやく新築することができ、三月に献堂式が挙行された。

日本メソヂスト教会時代の建築

現在の姿

この古い教会堂の写真は、日本メソヂスト教会時代の一九二三年に献堂されたものである。現在の教会堂は、阪神大震災で旧会堂が全壊した後、二〇〇一（平成一三）年に献堂された。

（9）杵築教会《きつききょうかい》

一八八九（明治二二）年一一月一日、大分教会の宣教師Ｓ・Ｈ・ウェンライトが杵築に人を派遣して宣教を行ったことに始まる。さらに一八九二年、Ｗ・Ａ・ウィルソンおよび中山栄之助が、大分より杵築に赴き、現在の教会所在地を講義所として借り受けることとなった。そして同年一〇月、秋吉高蔵がウィルソンより洗礼を受け、杵築における最初の受洗者となった。一九一八（大正七）年、これまで借家であった集会所（土地付き一八〇坪）を購入して会堂建築に着手し、一九二三年七月一五日に献堂式が挙行された。

この古い教会堂の写真は、日本メソヂスト教会時代のもので、一九二三年に献堂された。現在の教会堂は一九八九年に献堂されたものである。

1923年頃撮影

現在の姿

(10) 多度津教会《たどつきょうかい》

一八八九（明治二二）年五月、J・W・ランバスが多度津を訪問した。一一月にランバス父子ほか二名が神戸より来て、石八十宅を借りて講義所としたことに始まる。同年一二月、J・W・ランバスより三谷忠敬ほか六名が洗礼を受けた。翌九〇年、神戸教区より二〇名の信徒を分離し、多度津美以教会となり、松山駐在の宣教師C・B・モズレーが主任者となった。一八九二年三月二七日、会堂を建築し、J・W・ランバス列席のもと、盛大に献堂式が挙行された。当時定住する教師もなく、住田（三戸）吉太郎が関西学院より毎土曜日多度津に渡り、月曜朝に帰校していた。

この古い教会堂の写真は、南メソヂスト監督教会時代の一八九二年に献堂されたものである。現在の教会堂は、一九八五（昭和六〇）年に献堂された。

1892年頃撮影

現在の姿

現在の姿

(11) 岩国教会《いわくにきょうかい》

一八八七（明治二〇）年、砂本貞吉やＷ・Ｒ・ランバスが岩国を訪れ宣教を始めた。その後もランバス父子が宣教に関わり、毎水曜夜に集会を開き、その中から川上とみが最初の受洗者としてＪ・Ｗ・ランバスにより洗礼式が行われた。一八八九年、本町一丁目にＨ・Ｍ・ウォーターズを主任として講義所が創設された。一八九一年には、現在の大明小路の土地を購入して会堂を建設し、翌年二月一一日、Ｊ・Ｃ・Ｃ・ニュートンの司式で献堂式が挙行された。一九四一（昭和一六）年の日本基督教団成立以降、一九五八年に西岩国教会（旧日本基督教会）と合併し、岩国教会となっている。

古い教会堂の写真は、残念ながら残されていない。現在の教会堂は、一九六〇年代初めに献堂されたものである。

⑫　御影教会《みかげきょうかい》

一八九〇（明治二三）年、土地の有力者吉田履一郎が父所有の酒造蔵を提供し、関西学院神学部長のJ・C・C・ニュートンを招いて、御影町に御影講義所を開設したことに始まる。翌年、講義所の伝道師として木下春三が就任する。一八九六年には御影教会の組織が成立し、翌年一〇月、教会堂の献堂式が挙行された。さらに一九〇八年一一月には現在地の御影町郡家村一三七番地（現神戸市東灘区）に教会が移転し、献堂式が執行された。

この古い教会堂の写真は、南メソヂスト監督教会時代のもので、一八九七年に献堂式が行われた。現在の教会堂は、一九八一（昭和五六）年に献堂式が行われたものである。

南メソヂスト監督教会

現在の姿

現在の姿

(13) 佐伯《さえき》教会《きょうかい》

大分美以教会の宣教師S・H・ウェンライトが、佐伯に着目し、木戸鉄三郎を宣教に派遣したのは一八九〇（明治二三）年五月であった。そして同年一二月八日には、宣教師W・A・ウィルソンより薬師寺育造、平山詮吉の洗礼式が行われ、南メソヂスト佐伯講義所が創設された。その後、日本メソヂスト教会時代に新会堂の建築を行い、一九三六（昭和一一）年に献堂式が挙行された。一九四一年の日本基督教団成立にともない佐伯老松町教会に名称変更している。さらに、一九四四年には、旧日本基督教会の佐伯城南教会と合併し、日本基督教団佐伯教会が発足した。

この教会堂は、日本メソヂスト教会時代のもので、現在も少し改修され、使用されている。

2　W・R・ランバス離日後に創設された教会

（1）松山《まつやま》番町《ばんちょう》教会《きょうかい》

一八八九（明治二二）年より松山での宣教が宣教師C・B・モズレー、O・A・デュークスなどによって着手され、一八九一年二月一日、会員二四名で教会が創設された。一八九四年一二月二三日、二番町一四にて新会堂の献堂式を行い、ランバス会堂と称した。一九二四（大正一三）年、西堀端講義所と合併し、日本メソヂスト松山中央教会と改称する。日本基督教団成立にともない、一九四二年松山二番町教会と改称された。さらに戦後の一九四八年、新会堂建築とともに松山番町教会と改称し、五月二三日に献堂式が挙行された。

ランバス会堂

現在の姿

この古い教会堂の写真は、南メソヂスト監督教会時代のランバス会堂である。現在の教会堂は、一九八〇（昭和五五）年に献堂式が行われた。

(2) 山口《やまぐち》信愛《しんあい》教会《きょうかい》

一八九〇（明治二三）年末頃から山口での宣教が着手されたが、翌年には宣教師のK・ハーランやS・ショー等の尽力もあって中市に講義所が設けられ、一二名が、ショーより受洗入会し、同年七月二六日に教会が創設された。日本メソヂスト教会が成立した一九〇七年の六月、新教会堂の献堂式が行われた。一九四一年、日本基督教団成立にともない、山口信愛教会と名称を変更する。

この古い教会堂の写真は、日本メソヂスト教会時代のもので、一九〇七年に献堂された。現在の教会堂は、一九九一（平成三）年に献堂されている。

日本メソヂスト教会時代

現在の姿

（3）徳山《とくやま》教会《きょうかい》

一八九三（明治二六）年一二月二八日創設。日本メソヂスト教会時代の一九〇八年には三田尻講義所の牧師として任命された砂本貞吉が出張応援にかけつけたりしたが、教会として十分な展開を見ることはできなかった。しかし、一九一五（大正四）年に就任した牧師奥西善四郎のもと、一九一七年に徳山町に敷地を借入れ教会堂を建築、一一月に献堂式が挙行された。

　この古い教会堂の写真は、一九一七年に献堂された日本メソヂスト教会時代のものである。現在の教会堂は一九三四（昭和九）年に献堂された。

日本メソヂスト教会時代

現在の姿

（4）堺《さかい》清水《しみず》橋《ばし》教会《きょうかい》

一八九五（明治二八）年九月二九日に創設された教会であるが、最初の宣教はその前年より着手されている。一九九五年三月には宣教師W・E・タウソンが担任となり、堺講義所として初めて月次会を開催した。タウソンからの第一号受洗者は、中村武之丞であり、その後徐々に受洗者も増え、九月二九日に会員一四名をもって南大阪における宣教の拠点として教会が創設された。

古い教会堂の写真は、日本メソヂスト教会時代の一九二五（大正一四）年に材木町から北清水町に移築した後の教会堂である。現在の教会堂は、一九七二（昭和四七）年に北清水町より現在の車之町に移転した際に献堂されたものである。

日本メソヂスト教会時代

現在の姿

(5) 福山東《ふくやまひがし》教会《きょうかい》

一八九七（明治三〇）年、深津町で福山講義所として創設される。宣教師としてW・A・ウィルソンが任命され、また木下春三が最初の定住伝道師となった。同年、早くも田中米吉、田中きしの二名が受洗した。一九二二（大正一一）年、教会堂と牧師館献堂。一九四一（昭和一六）年の日本基督教団成立にともない、福山東教会に改称した。

　この古い教会堂の写真は、日本メソヂスト教会時代のもので、一九二二年に献堂されている。現在の教会堂は一九九四（平成六）年に献堂された。

1922年頃撮影

現在の姿

(6) 中津《なかつ》教会《きょうかい》

一八九四（明治二七）年、W・J・キャラハン宣教師が中津に遣わされ、宣教が着手された。一八九七年五月五日、中津教会創設。キャラハンが借家の二階に住み、一階をチャペルと夜間学校に使用していた。一九〇六年、B・W・ウォータスが、アメリカ・ヴァージニア州のグリーン記念教会より一〇六六ドルの献金を得て、三三四坪の土地に教会堂と牧師館を建てた。一九四一（昭和一六）年、日本基督教団成立にともない教団に所属したが、戦争末期、教会堂の取り壊し令によって会堂が壊された。一九五〇年六月一七日、会堂再建の献堂式が行われた。

この古い教会堂の写真は、南メソヂスト監督教会時代の一九〇六年に献堂されたものである。現在使われているのは、一九五〇年六月一七日に献堂式が行われた教会堂である。

1913年頃撮影

現在の姿

（7）国東《くにさき》教会《きょうかい》

一八九七（明治三〇）年一〇月三一日、中津在住の宣教師W・J・キャラハンが国東に出張して宣教したことに始まる。翌年の八月一五日には、吉富万市に最初の洗礼式が行われ、その後徐々に会員も増えた。日本メソヂスト教会時代の一九一七（大正六）年、最初の定住伝道師として芝みつが派遣され、桜八幡社前に講義所を創設した。一九三〇（昭和五）年、教会堂を建築し、国東教会として献堂式が行われた。

この古い教会堂の写真は、日本メソヂスト教会時代のもので、一九三〇年に献堂された。現在の教会堂は、一九七四年に献堂された。

日本メソヂスト教会時代の教会堂

現在の姿

（８）京都《きょうと》御《ご》幸町《こうまち》教会《きょうかい》

一八九八（明治三一）年一〇月一〇日、南メソヂスト教会神戸地区京都講義所として、その宣教を開始する。初期にはＪ・Ｔ・マイヤーズやＷ・Ａ・デーヴィスなどの宣教師が関わり、民家を集会所にしていた。一九〇一年、京都美以教会、一九〇三年、京都中央基督教会と名称を変える。さらに一九〇七年、日本メソヂスト教会成立の年、現在地の御幸町に移転し、購入した店舗を礼拝堂に改造して、名称も日本メソヂスト教会京都中央教会に変更する。そして一九一三（大正二）年に新会堂を竣工し、翌年献堂式が挙行された。日本基督教団成立にともない、一九四二年に京都御幸町教会と名称を変更。

1913年頃撮影

現在の姿

この古い教会堂の写真は、一九一三年の新築時に撮影された記念写真である。この教会堂は、その後一九九八（平成一〇）年に耐震補強工事が行われ、現在も使用されている。

(9) 田川《たがわ》教会《きょうかい》

一九〇二（明治三五）年に、米国南メソヂスト教会宣教師W・J・キャラハンが、中津より来て田川宣教を開始した。一九〇七年、T・H・ヘイデンがキャラハンに代わり中津より出張宣教を展開し、定住伝道者も井上運平が宇野真一に代わる。一九〇八年、会堂敷地として八〇坪を一二〇〇円で購入し、一九一七年六月に最初の礼拝堂が新築される。一九二四（大正一三）年、日本メソヂスト田川教会を改名して日本メソヂスト後藤寺教会とする。一九二八年一二月、隣接地八〇坪を買収して、会堂及び牧師館を改築。一九四一年、日本基督教団創立にともない、日本基督教団田川教会と改名。一九八一年一〇月、前年の鉱害復旧計画にともない、現在の会堂を建築して献堂式を行う。

日本メソヂスト教会時代

現在の姿

⑽　行橋教会《ゆくはしきょうかい》

一九〇二（明治三五）年に、W・J・キャラハン宣教師と後藤寺教会有志が、豊津・行橋宣教を行い、翌年の〇三年、豊前行橋メソヂスト講義所が誕生した。キャラハン宣教師が主任牧師に就任するが、一九〇五年にはT・H・ヘイデン宣教師が主任牧師になる。一九二〇（大正九）年、現在地に土地を購入し、翌年の二一年一一月に礼拝堂及び牧師館の献堂式を行う。また一九二二年には、行橋幼稚園を敷地内に開園（一九二八年頃まで）。一九四一年に日本基督教団の成立にともない、日本基督教団行橋教会と改称する。現在の新会堂は、一九八一年四月に献堂式が行われ、一九九〇年一〇月には、教育館兼牧師館も完成。二〇〇三年一月、行橋教会創立一〇〇周年記念礼拝を行う。

日本メソヂスト教会時代

現在の姿

(11) 呉平安教会《くれへいあんきょうかい》

一九〇三（明治三六）年一二月、B・W・ウォーターズが、砂本貞吉を呉に派遣したのを契機として翌年二月に講義所が開設され、さらに三月三日に教会として創設される。一九一二（大正一）年、岩方通七丁目に地所を買い、教会堂を建設し、三番町より移転した。一九四一（昭和一六）年、日本基督教団成立にともない、呉平安教会に名称を変更した。戦時下の空襲で教会堂を焼失し、戦後の一九四八年にアメリカの教会の援助を受け、コンセルハットの教会堂が建てられた。

この古い教会堂の写真は、日本メソヂスト教会時代のもので、一九一二年に献堂された。現在の教会堂は、一九六三年に献堂された。

日本メソヂスト教会時代

現在の姿

(12) 下関《しものせき》丸山《まるやま》教会《きょうかい》

一九〇四（明治三七）年一一月一九日、小野栄治など信徒八名が集まり、田中町にメソヂスト下関講義所の看板を掲げた。宣教師のＷ・Ｊ・キャラハンと砂本貞吉が関わり、同年一二月五日に、小野サワ子が最初の受洗者となった。一九二〇（大正九）年に丸山町の土地を購入し、一九二七（昭和二）年に会堂を建築、一九三八年にはランバス記念会堂として新会堂を献堂した。一九四一年の日本基督教団成立にともない、下関丸山教会と名称を変更した。

この古い教会堂の写真は、日本メソヂスト教会時代の一九二七年に建てられたものである。一九三八年に献堂されたランバス記念会堂は現在も使われている。

日本メソヂスト教会時代

現在の姿

(13) 伏見《ふしみ》教会《きょうかい》

一九〇六(明治三九)年三月二〇日、紀伊郡伏見町字下板橋に伏見基督教講義所が創設された。宣教師W・A・デーヴィスが創設者となり、牧師渡辺孫一がその補助者として就任した。同年六月一五日、講義所開設が許可され、この日をもって創立記念日としている。一九一九(大正八)年、現在の地で新会堂を建築し、一一月二三日に献堂式が挙行された。

この古い教会堂の写真は、日本メソヂスト教会時代のもので、一九二一年一一月に現在地に新築された教会堂である。現在の教会堂は、従来の教会堂を一九九六(平成八)年に改装したものである。

日本メソヂスト教会時代

現在の姿

(14) 防府《ほうふ》教会《きょうかい》

早くから、山口より派遣された高田繁吉や宣教師S・ショーなどによって三田尻の宣教が着手されていたが、一九〇六（明治三九）年九月三一日、三田尻講義所として創設された。砂本貞吉が初代牧師である。日本メソヂスト教会時代の一九一二（大正元）年六月には、車塚に民家を借り新講義所とし、防府講義所と名称を変更した。

この古い教会堂の写真は、日本メソヂスト教会時代に借りていた民家である。現在の教会堂は一九五〇（昭和二五）年に献堂された。

日本メソヂスト教会時代

現在の姿

3　ランバスファミリーが設立に関係した学校

（1）関西学院

W・R・ランバスによって神戸市東郊外原田の森（現王子公園）に創立された。ランバスは、一八八六（明治一九）年日本宣教部の総理として神戸に着任し、一八八九年四月、神学部と普通学部（現・高等部と中学部）とをもつ関西学院を創立。創立時制定の学院憲法ではその理念が「キリスト教ノ伝道ニ従事セントスル者ヲ養成シ、且ツ基督教ノ主義ニ拠リテ日本青年ニ知徳兼備ノ教育ヲ授クルニアリ」と規定されている。この理念は第四代院長C・J・L・ベーツが提唱した“Mastery for Service”というスクールモットーに結実した。校名を「クワンセイガクイン」と呼ぶのは、命名当時、諸事漢音で読む風潮があった事に由来する。創立時は、一九名の学生と数名の教師による私塾であったが、一九〇七年のメソヂスト三派の合同を経て、一九一〇年には社団法人関西学院が成立した。

原田の森　ブランチ・メモリアル・チャペル

現在の関西学院（時計台）

（2）パルモア学院専門学校

一八八六（明治一九）年一一月、Ｗ・Ｒ・ランバスにより神戸居留地四七番地に設立された読書館を前身とする。一八八七年一月、最初の寄付者Ｗ・Ｂ・パルモア牧師の名にちなんでパルモア英学院と命名される。一八八八年九月昼間部開設。一八八九年一〇月には昼間部が独立し関西学院となる。一九〇八年、専用校舎完成。一九二三（大正一二）年九月、タイプ科女子生徒を分離、パルモア女子英学院（のちの啓明女学院）が設立される。一九一一年、成蹊学院と改称。一九四四（昭和一九）年五月、財団法人に改組し、大東亜学院と改称されるが、一九四五年六月、戦災のため校舎全焼、一一月神戸市若宮小学校の教室を借用して、英語科授業が再開された。一九四八年、生田区に事務室および校舎建築、四月バイブルクラス開始、一〇月財団法人パルモア学院と改称。一九九〇（平成二）年には、全日制のパルモア学院専門学校を設置して、高度な英語職業人の育成を目指した。二〇〇七年、中央区北長狭通からＪＲ神戸駅前の現校舎に移転した。

パルモア女子英学院（1923年頃）

現在のパルモア学院専門学校

（3）聖和大学

神戸女子神学校、ランバス記念伝道女学校、広島女学校保母師範科の三校が前身。神戸女子神学校はアメリカンボードの婦人宣教師J・E・ダッドリー、M・J・バロース、E・タルカットの三名が一八八〇（明治一三）年一〇月に創立（明治年間に神戸女子神学校と改称）。ランバス記念伝道女学校は、アメリカ南メソヂスト監督教会のJ・W・ランバスの妻メアリーが一八八八年九月神戸に創立した神戸婦人伝道学校に始まる（一八九九年ランバス記念伝道女学校と改称）。広島女学校保母師範科は、A・E・ゲインズが一八九五年九月創立した広島英和女学校（広島女学院）付属幼稚園保母養成科に始まる。一九〇八年保母師範科と改称、ランバス記念伝道女学校と合同、一九二一（大正一〇）年、大阪でランバス女学院となり、一九四一（昭和一六）年、ランバス女学院と神戸女子神学校とが合同、西宮市岡田山の現在地に移転、聖和女子学院となり神学部と保育部を設置（一九四三年、神学部は日本女子神学専門学校に統合）。一九五〇年に短期大学になり、一九八〇年、共学制実施、一九八一年聖和大学となる。一九八六年には短大に英語科を開設し、一九八八年に聖和大学短期学部と名称変更。二〇〇九年に関西学院と法人合併し、聖和大学短期大学部は学校法人関西学院聖和短期大学となった。

ランバス記念伝道女学院（1888 年頃）

現在の聖和大学

（4）広島女学院

砂本貞吉が、J・W・ランバスの応援を求めて、一八八六（明治一九）年一〇月一日、広島市西大工町に女子塾を開いたことに始まる。他の二私塾を併合後、一八八七年四月設立認可を受け、細工町西蓮寺前（現大手町）の仮校舎で、私立広島英和女学校として発足、県下最初の女学校となった。その後アメリカ南メソヂスト監督教会の支援のもと、一八八七年九月A・E・ゲインズが来任して一八八九年に初代校長となり、翌年には流川に土地を得て新校舎を建築して発展、一八九二年に幼稚園、一八九三年には小学校が設立される。一八九五年、教頭に西村静一郎が就任、翌年、校名を広島女学校に改める。その後、幼稚園から専門部に至る組織が完成した。一九二一（大正一〇）年、保母師範科がランバス女学院（聖和大学）に移ったが、第三代校長日野原善輔のもと、一九三二（昭和七）年、専門部が文部省令による専門学校として認可され、広島女学院と改称された。

1892年新校舎落成

現在の広島女学院（人文館）

(5) 啓明学院（啓明学院中学校　啓明学院高等学校）

W・R・ランバスが神戸に設立したパルモア学院（夜間）を源流とする。主として昼間タイプ科を中心に授業していた同学院の女子部が、一九二三（大正一二）年九月アメリカ南メソヂスト監督教会婦人部に引き継がれ、実用英語および商業経営に関する知識と技能を授けるのを目的とするパルモア女子英学院（Palmore Women's English Institute）が創設され、C・G・ホランドが院長に就任。一九二四年一二月、各種学校として認可された。一九四〇（昭和一五）年啓明女学院と改称。一九四五年財団法人設立認可。一九四六年専門部、一九四七年中学校開設、一九四八年高等学校設置。一九五三年学校法人に改組。キリスト教主義人格教育を基本とし、英語に重点を置き、国際協調精神豊かな人間性を目指す教育に努めている。一九八三年、神戸市須磨区横尾にキャンパスを移転し、二〇〇二年から男女共学の「啓明学院中学校」を、また二〇〇五年から「啓明学院高等部」を設置して六年間一貫教育を行っている。

パルモア女子英学院（1923年頃）

現在の啓明学院高等学校

4　当時の交通

Ｗ・Ｒ・ランバスを中心とした南メソヂスト監督教会の宣教活動の広域に及ぶ展開を可能としたのは、新たに展開され始めた近代日本の交通手段であった。まず陸路では、すでに一八七四（明治七）年に大阪―神戸間が開通していたが、一八七七（明治一〇）年、大阪―京都間が開通し、そして関西学院が設立された一八八九（明治二二）年には、東海道線（官設鉄道）の新橋―神戸間が全通している（一八八九年の神戸―新橋間の発着時間表及び賃金表を参照）。また山陽鉄道（私鉄）については、一八八八（明治二一）年一一月に兵庫―明石間が開通し、さらに年末に姫路まで延長した。そして一八八九（明治二二）年の神戸―兵庫間の開通により官設鉄道に接続できた。こ

神戸停車場

蒸気機関車（1873年製）

明石丸（1888年製）

神戸港（1920年頃）

れにより神戸―姫路間が開通したことになる。（一八八九年の兵庫―姫路間の発着時間表及び賃金表参照）。他方、瀬戸内航路については、従来、小規模の商船会社が数多く競合していたが、それらを統合する形で一八八四（明治一七）年に大阪商船が設立されたことは、瀬戸内航路の発展にとって画期的な出来事であった。その多岐に渡る航路は、瀬戸内海沿岸の主要な都市に寄港することとなり、W・R・ランバスの「瀬戸内宣教圏構想」は、まさにこのような大阪商船の瀬戸内航路の整備と展開なしにはありえなかったと言っても過言ではない（一八八四年の大阪商船設立時の航路及び時刻表を参照）。

[注]

（1）　ジオラマ上の機関車と船舶は当時の型ではないため、これらについては五九頁を参照のこと。ジオラマ上の学校に関しては、現在の位置を表示している。

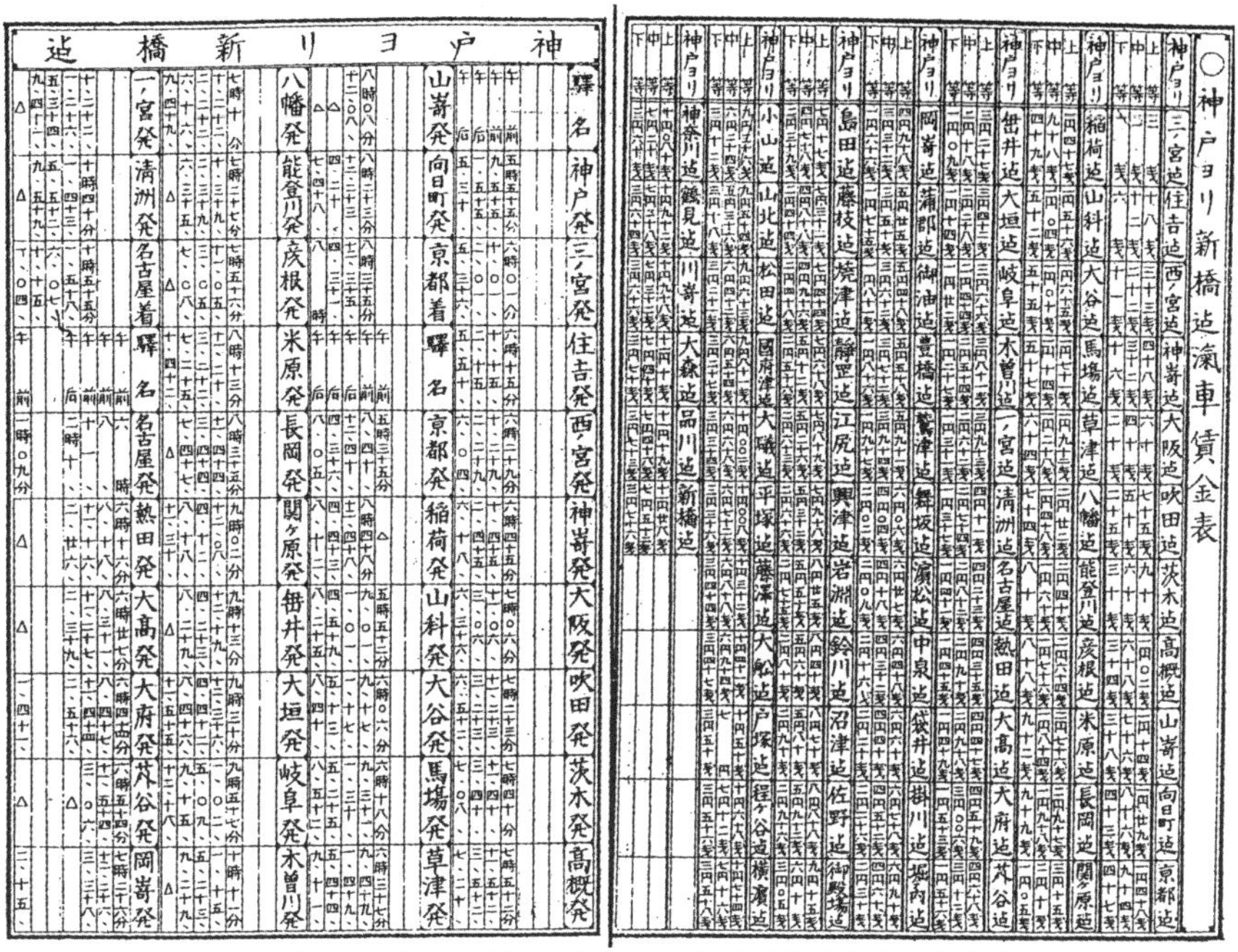

1889（明治22）年　神戸―新橋間の発着時間表および賃金表

（国立国会図書館所蔵マイクロ資料より）

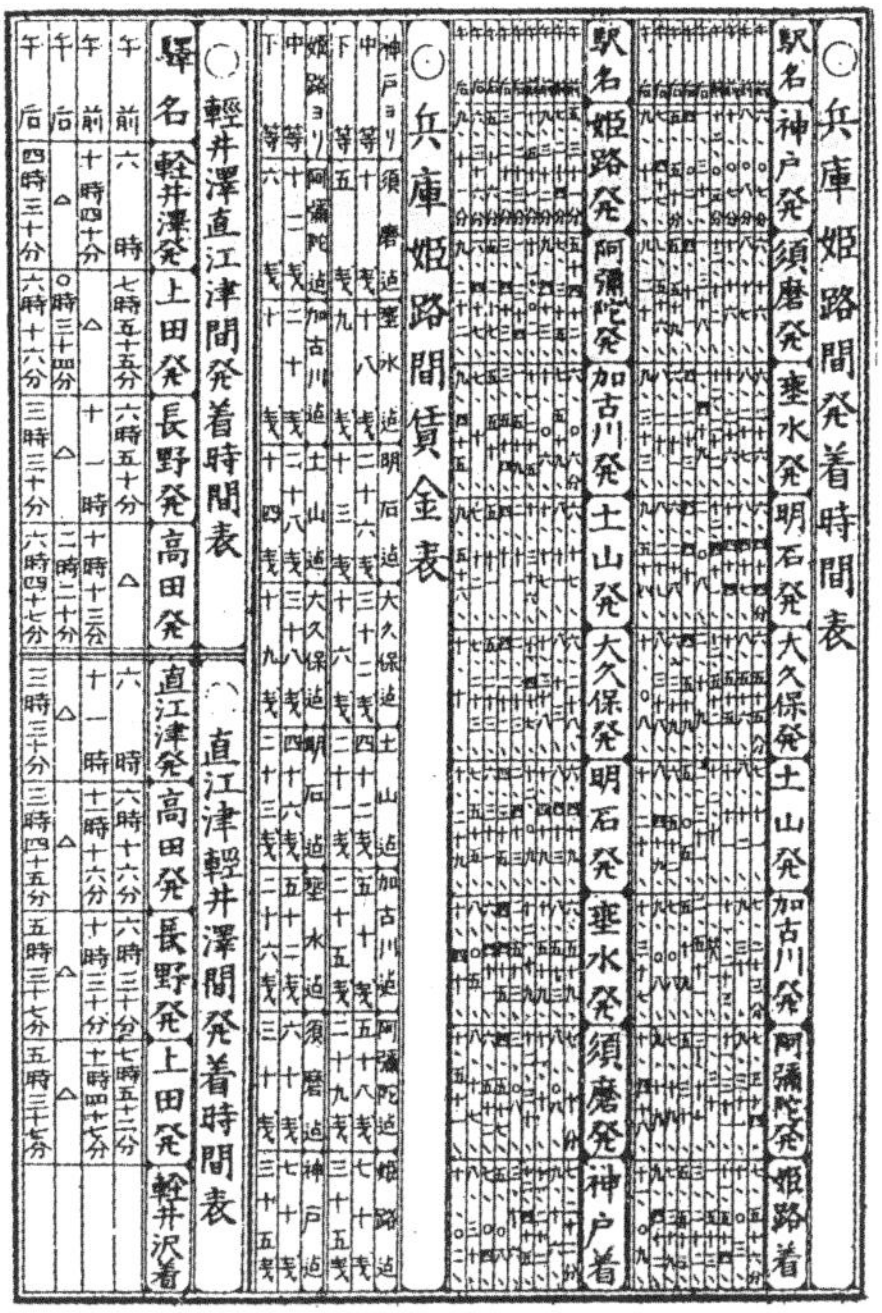

1889（明治22）年

兵庫―姫路間の発着時間表および賃金表

（国立国会図書館所蔵マイクロ資料より）

大阪商船會社々船出港定日表

明治十七年六月廿日金曜日朝日新聞第千五百九十九號附錄

線	航海線路	常航船名	大阪港出港定日	最終港出港定日	記事
第一本線	神戸 馬関 博多 長崎 百貫	三保丸	三ノ日	六ノ日	
		安寧丸	五ノ日	八ノ日	
		讃西丸	九ノ日	二ノ日	
第二本線	神戸 馬関 博多 長崎 百貫 大川	六甲丸	無定期	無定期	
		長崎丸			
		此花丸			
第三本線	神戸 宇ノ島 馬関 博多 伊万里 長崎	大龍丸	二ノ日	五ノ日	
		摂津丸	七ノ日	十ノ日	
第四本線	神戸 細島 油津 鹿児島	浦安丸	一ノ日	四ノ日	
		第三臼杵丸	五ノ日	八ノ日	
		平安丸	無定期	無定期	
第五本線	神戸 多度津 今治 三津ヶ濱 室津 三田尻 馬関 博多 唐津 伊万里	明光丸	三ノ日	七ノ日	
		明事丸	七ノ日	九ノ日	
		豊浦丸	十ノ日	四ノ日	
第六本線	神戸 多度津 今治 三津ヶ濱 室津 三田尻 馬関 博多	新八幡丸	一ノ日	四ノ日	明凌丸ハ廣島ヘ寄港ス
		明凌丸	四ノ日	七ノ日	
		佐伯丸	八ノ日	一ノ日	
第七本線	神戸 高松 多度津 新居濱 今治 三津ヶ濱 室津 三田尻 馬関 中津	扶貫丸	二ノ日	五ノ日	二六ノ日大阪出港船ハ新居濱ヘ寄港 四ノ日大阪出港船ハ中津ヘ寄港
		新和歌浦丸	四ノ日	七ノ日	
		太陽丸	五ノ日	八ノ日	
		崇敬丸	六ノ日	九ノ日	
		一丸	九ノ日	二ノ日	
第八本線	神戸 多度津 今治 三津ヶ濱 長濱 別府 大分 佐賀ノ関 臼杵 佐伯 延岡 細島	第二臼杵丸	一ノ日	五ノ日	
		運貨丸	四ノ日	八ノ日	
		亀鶴丸	七ノ日	一ノ日	
		金刀比羅丸	九ノ日	三ノ日	
第九本線	神戸 多度津 今治 三津ヶ濱 長濱 別府 大分 佐賀 四 八幡濱 宇和島	盛行丸	二ノ日	六ノ日	
		豐分丸	五ノ日	九ノ日	
		第四大分丸	八ノ日	二ノ日	
第十本線	神戸 高松 丸亀 多度津 鞆 尾ノ道 竹原 音戸 廣島	大分丸	一六ノ日	三八ノ日	
		廣凌丸	二七ノ日	四九ノ日	
		無事丸	三八ノ日	五十ノ日	
		第二廣島丸	四九ノ日	一六ノ日	
		廣島丸	五十ノ日	二七ノ日	

線	航海線路	常航船名	大阪港出港定日	最終港出港定日	記事
第十一本線	神戸 岡山 小豆島 高松 丸亀 多度津 鞆 尾ノ道	新淡路丸	一六ノ日	三八ノ日	
		備前丸	二七ノ日	四九ノ日	
		貫保丸	三八ノ日	五十ノ日	
		平兵丸	四九ノ日	一六ノ日	
		康安丸	五十ノ日	二七ノ日	
第十二本線	神戸 多度津 馬関 瀬戸崎 萩 江崎 濱田 境	迅凌丸	無定期	無定期	一ヶ月凡ソ六航海
		國千保丸			
		雲長丸			
第十三本線	兵庫 徳島	己卯丸	半ノ日	丁ノ日	半ノ日大阪出港船ハ兵庫ヘ寄港
		末廣丸	丁ノ日	半ノ日	
		新朝陽丸	半ノ日	丁ノ日	
第十四本線	兵庫 明石 高砂 飾磨 網干 岩見 室津 阪越	太安丸	丁ノ日	半ノ日	
		第一兵庫丸	半ノ日	丁ノ日	
		第二兵庫丸	丁ノ日	半ノ日	
		第三兵庫丸	半ノ日	丁ノ日	
第十五本線	兵庫 仮屋 志築 須本	淡路丸	半ノ日	丁ノ日	
		第二淡路丸	丁ノ日	半ノ日	
第十六本線	兵庫 撫養	徳養丸	一六ノ日	三八ノ日	
第十七本線	和歌山	第一益丸	丁ノ日	半ノ日	
		和歌浦丸	半ノ日	丁ノ日	
第十八本線	神戸 高知 須崎	平穏丸	一週間内一航	一週間内一航	
第一支線	長崎ヨリ口ノ津 島原 富岡 百貫 大川	百貫丸	長崎毎日	大川毎日	長崎定繋
		生鮮丸			
第二支線	馬関ヨリ三田尻 室津 大島 外入 岩國 宮島 廣島	効験丸	出港一艘	出港一艘	馬関定繋
		周陽丸	馬関一六 出港ノ日	廣島三八 出港ノ日	
第三支線	一七ノ日 廣島ヨリ宮島 新港 外入 三津ヶ濱 堀江 今治 尾ノ道 鞆 音戸ヲ経テ帰港 四ノ日 廣島ヨリ音戸 尾ノ道 今治 堀江 三津ヶ濱 外入 新港 宮島ヲ経テ帰港	大龍丸			廣島定繋
常備船		豐中丸 安凌丸 運輸丸 平運丸 豐後丸 山城丸 第五兵庫丸 肥丸 興昌丸 雄ノ丸 秋津丸 電信丸 光運丸			
豫備船		第二凌波丸 筑紫丸 朝陽丸 高城丸 静凌丸 鶴崎丸 千鳥丸 兎丸 舊薩丸 飛隼丸 第二淡路丸 八幡丸 第一凌波丸 三福丸 翔鳳丸 金平丸 改凌丸			

右之通常航船ヲ以テ定日ニ出港為致候若シ事故アリテ出港セサル歟又ハ荷客湊集ノ都合ニ依リテハ猶ホ常備及豫備ノ船舶ヲ以テ臨時ニ出港為致可申候以上

但常航船ヲ交換シ又ハ増減致候時ハ其旨廣告可仕候

明治十七年六月十六日

有限責任　大阪商船會社

表面之通相定メ候得共都合ニ依リ十五日間ノ後ニ非サレハ實行シ難キモノモ可有之候

1884（明治17）年　大阪商船設立時の航路および時刻表

（『大阪商船株式會社八十年史』より）

COLUMN

庄原の英学校と「売店ランバス」

広島から芸備線を三次で乗り換え、電車でおよそ二時間半、豊かな田園地帯として知られる備後庄原の駅に到着します。庄原の街の中心部に市民会館がありますが、その一角に「英学校址」という記念碑が建てられています。一八八四年、この地に庄原英学校のモダンな白亜の校舎が落成し、県北初の近代学校が発足しました。教師の多くが慶應義塾の卒業生であったことから、「慶應義塾分校」とも呼ばれていました。しかしながら、この英学校は短命で一八九二年には閉校となっていますが、明治期の地方の英学校史において一つの重要な位置を占めています。

備後庄原「英学校址」記念碑

学院の創立者W・R・ランバス先生は、一八八六年に来日して以降、神戸を拠点としつつ、瀬戸内海沿いの諸都市を船舶を活用して広域にわたり宣教活動を展開しました。わけても広島は重要な拠点であり、ランバス先生は、広島流川教会と広島女学院の創設にも関わっています。また、父のJ・W・ランバス先生とともに、庄原の英学校にも依頼を受けて関わっていますが、その模様について、一八八七年の『芸備日報』（一二月一五日付）は、「米国宣教師なるランバス氏は毎に来校して同校の為にする所少なからず氏が語られたるを聞くに今の生徒進歩の割を以てすれば四ヶ月の過程を終えれば天晴俊秀の青年を得るに至るべし」と報じています。当時、広島から庄原への約九〇キロの距離は、鉄道がいまだに敷かれていませんでしたので、徒歩と人力車であったことを思えば、大変困難な道のりであったことを推察せざるをえません。

九月の初旬（二〇一三年）、広島におけるランバス先生の足跡を訪ねて、広島女学院、広島流川教会等を訪問してきました。とりわけ中国地方の宣教活動の拠点ともなった広島流川教会が、今春会堂建築を終えて、その装いも新たになった姿に接し感銘を与えられました。そして、広島から電車で三次へと向かい、そこで出迎えていただいた三次教会牧師の小野輝氏の車で庄原の「英学校址」の記念碑を訪問し、ランバス先生父子の英学校での働きに思いを馳せました。さらに、広大な国営備北丘陵公園にある庄原英学校校舎を模したヴィジターセンターの「売店ランバス」を訪れました。庄原には、ランバス先生によって教会が設立されることはありませんでしたが、英学校で青年たちに英語を教え、庄原に初めてキリスト教を宣教したランバス先生父子への街の人々の想いが、このような「売店ランバス」という名称に刻まれていることに深い感慨を覚えました。

備北丘陵公園「売店ランバス」

第3章 中国におけるW・R・ランバス宣教師の足跡を求めて

はじめに

二〇〇六年の夏、八月二八日から九月九日まで、吉林大学との交流のプログラムで中国を訪問した。その関連で、学院の創設者W・R・ランバス宣教師の中国における足跡をたどる機会が与えられた。

これまで、中国におけるランバスの足跡については、一九八六年に当時神学部の宣教師であったブレイ先生夫妻が調査され、簡潔な英文リポートと写真が資料として学院史編纂室に残されているが、残念ながら公にはされていない。また、二〇〇四年に山内一郎理事長が、上海と蘇州を訪問され、写真をとってこられた。さらに、昨年、野田正彰先生が蘇州におけるランバス宣教師の跡を訪問され、『学院史編纂室便り』に「ランバスと中国での医療伝道」と題して掲載された。(1)

本章では、これまでの調査の成果を継承しつつ、また資料的に不十分であった点を補充しつつ、中国におけるW・R・ランバス宣教師の足跡を調査するために、上海、蘇州、北京、吉林を訪れ、そこにおける活動の足跡をた

どってみた。なお、特に上海と蘇州では、上海出身の留学生の徐亦猛院生にお世話になった。(2)

(1) 上海

上海はW・R・ランバスが誕生し、また宣教師として活動した最初の舞台でもある。一八四六年に南メソヂスト監督教会は、第一回総会において、開国間もない中国での宣教開始を決定した。一八四八年ベンジャミン・ジェンキンズとチャールズ・ティラーの家族とが中国に到着し、一八五二年までに中国教区が設立された。そして、一八五四年にJ・W・ランバスが中国の上海に宣教師として赴任し、同年の一一月一〇日にW・R・ランバスが誕生した。中国に赴任して以降のJ・W・ランバスの宣教の闘いの状況について、W・R・ランバスと親しかった尹致昊は、その『日記』の中で次のように記している。

一八五四年、中国布教に着任したランバス夫妻は上海を中心としてその浜辺にある蘇州・南翔・嘉定等の地を積極的に巡回説教して改宗者の獲得につとめた。小さなボートに乗って、蘇州河を遡行しながら、沿岸に住む貧しい人々を相手にキリストの教えを説き、聖書を頒布するというもので、環境の全く異なる彼らにとってはきわめて困難な仕事だったらしい。(3)

ランバス夫妻の上海における宣教の活動は、学校経営、教会の建設、印刷出版所の設置等、多様な広がりのある内容であった。今日、その足跡をたどれるものはほとんどないが、その中で、磧衛民は『基督教与近代中国社会』の中で「聖誕堂」を再建した経緯について、「一八七四年、J・W・ランバスの指導の下で、鄭家木橋の教会(『福音堂』)は再建され、『聖誕堂』と改名」(4)と記述している。写真①は、かつて「聖誕堂」のあった場所であるが、現在は「黄浦区第一小学」（住所：上海市黄浦区人民路七〇六号）という小学校となっている。

Ｗ・Ｒ・ランバスが、アメリカにおいて神学と医学の勉学を終えた後、妻デイジーと結婚し、宣教師として上海に赴任したのは、一八七七年一一月であり、翌月より医療宣教の仕事に着手している。最初の年の活動について、その報告書の中で彼は述べている。

> 一か月のうち一週間は百四マイルに及ぶ範囲を巡回し、六つの市や町で投薬し、また説教する。翌月は二百マイル以上の範囲を二週間かけて巡回し、十二ほどの都市を訪問する。(5)

①
J. W. ランバス宣教師によって再建された「聖誕堂」（1874年）跡（現：小学校）

最初の年からこれだけの活動が可能であったのは、上海が生まれ故郷であり、言葉にも不自由しなかった点があげられるが、同時に父Ｊ・Ｗ・ランバスと同様、宣教活動に水路を活用し、小型ボートで自在に黄浦江や蘇州河などを走行していたといえる。写真②は、当時の上海における水路を行き交う小型船舶の光景である。

宣教活動の手段として、水路を自在に活用していたことは、後に神戸に赴任し、「瀬戸内宣教圏」と呼べる宣教を構想し、(6)瀬戸内海を最大限に利用した宣教を展開した、ランバスの構想とその宣教活動に対して重要なヒントを得る思いであった。

上海における特筆すべきランバスの働きは、一八八〇年五月に開設した「阿片中毒治療所」であった。その治療所の開設の背景について、伝記の著者は、「西欧人の貪欲な利益追求のため、中国人にこの破壊的な麻薬を押しつけることになった阿片戦争の災いは、その猛威を振るっている只中だった。治療を必要とする不幸の中でも、最もありがちで、最も痛ましいのが阿片の常用だった。この若き医師の心は、このような悲劇的な訴えをいつまでも座視してはいられなかった。阿片中毒治療はそれに対する彼の答えだった[7]」と述べている。

②当時の上海の水路をゆきかう小型船舶

③上海の郊外の運河（2006年）

④土着的教会堂（1920年代）

（2）蘇州

一八八一年、W・R・ランバスは、ニューヨークのベルビュー大学病院において東洋医学を研究後、翌年には再び中国に戻り、蘇州において医療宣教に取り組んでいる。蘇州は、父のJ・W・ランバスも、何度か宣教活動で訪れており、上海に次ぐ南メソヂスト教会の宣教地であった。

W・R・ランバスは、蘇州で医療を始めた翌年の一八八三年一一月八日、W・H・パークと「博習医院」を開設し、そこを拠点として精力的に医療宣教を展開しているが、当時の医院の日課について次のように記されている。

⑤博習医院旧址

> 日課は厳しく定められていて、六時に起床の鐘の音で始まり、鐘を叩く音に従って次の行動に移り、就寝の鐘で一日が終わる。日課の中には宗教的教育も入っていて、主要な位置を占めていた。定時の講話と病床での奨励があり、聖書や小冊子が配布された[8]。

パークと共に開設した蘇州病院は、ランバスが去った後もパークにより引き継ぎ育てられる。妹ノラはのちにパークの妻となった。

現在、ランバスが開設した医院の場には、写真⑤にあるように「博習医院旧址」と朱の字で彫られた石碑が建てられ、四階建ての煉瓦造りの医院跡の建物が遺されている。但し、この建

⑥蘇州大学付属第一病院

⑦蘇州大学

⑧聖約翰堂（1915年）

物は一八八三年に建てられたものではなく、一九二二年に建て替えられたものである。[9] 写真⑥にある現在の「蘇州大学付属第一病院」は、近くに建てられた大きな近代的病院である。

博習医院旧址と隣接して蘇州大学が存在しているが、この蘇州大学のルーツは、一九〇〇年に南メソヂスト教会によって設立された「東呉大学」であり、ランバスとパークによって設立された博習医院も、その前身となっているのである。

なお、東呉大学は、一九八二年以降は「蘇州大学」と改称し、現在に至っている。[10]

蘇州大学から、蘇州大学付属第一病院に向かう途中に、南メソヂスト教会によって設立された教会堂である「聖約翰堂」が立っている。この教会堂は、元々は一八八一年、Ａ・Ｐ・パーカー宣教師によって「耶蘇教堂」として建てられ、その後一九一五年に改築されて「聖約翰堂」と改称したものである。

現在は、三自愛国教会として使用され、また蘇州の基督教三自愛国運動委員会及び基督教協会のオフィスとしても機能している。ここは、一九五九年から一九九五年八月まで、蘇州第一人民医院だった、と石板に記載されている。

(3) 北京

ところで、中国で長年総理の役割を担ってきたＪ・Ｗ・ランバスは、一八八〇年に妻と共にアメリカに一時帰国するが、翌年、マクティエール監督は、代わってＹ・Ｊ・アレンに総理の重責と婦人伝道部の調整役を担うように命じた。アレンは、ランバスの留守中に大胆な改革を行い、一八八二年一月にＪ・Ｗ・ランバス夫妻が中国に戻った時、ランバスの目にはアレンが中国宣教部を独裁しているように映った。また、総理としてのランバスの能力に批判的な監督の手紙や、アレンの提案に同意する中国宣教部の態度にランバスは深く傷つき、アレンとの確執が深刻化している。(11)

一八八四年、このようなアレンとの確執に加え家族の健康上の理由により、Ｗ・Ｒ・ランバスも蘇州を去り、その活動の場を北京に移している。北京では、当時としては異例のことであったが、米国北部のメソヂスト監督教会の仕事に従事し、中国初のＹＭＣＡを設立する他、当時「ロックフェラー病院」とも呼ばれた「北京協和医院」の一つの前身となる病院に関わっている。ピンソンは、その事情を次のように述べている。

色々理由があって、この年、一八八四年末に博士は職を辞して北京《ペキン》に行き、メソヂスト監督教会の仕事をすることになった。ここで博士は、ある意味でロックフェラー病院の先駆ともいえる病院を開設した。ロックフェラー病院の建物は建設に七百万ドルかかり、世界でも一番立派な、また最高の設備をもつ病院と言われている。(12)

ここで「ロックフェラー病院」と言われているのは、一九二一年にロックフェラー財団の所属中華医学基金によって設立された「私学北京協和医学院附属病院」、通常「北京協和病院」と呼ばれている病院である。この病院成立の背景に、二〇世紀の初頭の中国において、エキュメニカル運動の影響、及び欧米主導の教会や学校、病院等の運営に対する強い批判から、中国側と欧米側が「協和」して運営しようとした背景があったといえるであろう。(13)すでに、一九〇六年に北京で、米国メソヂスト監督教会（北部）、米国長老会（北部）、アメリカン・ボード（会衆派）、ロンドン宣教会による連合の「華北協和医学院」が設立され、この連合の医学院を基盤として、一九二一年にロックフェラー財団によって「北京協和病院」が建設されたといえる。

写真⑨〜⑪は、一九二一年の創立当時の「北京協和医学院」（ＰＵＭＣ）の正門、解剖実験室、そして礼拝堂のロビーである。他方、写真⑫〜⑬は、今回撮影してきた「北京協和医院」の正門であり、また北京最古のカトリック教会である。なお、病院名は、一九七一年に文化大革命の影響で「首都医院」に名称変更したが、一九八〇年代後半には元の名称「北京協和病院」に変更されたのである。(14)

一八八四年から数カ月間、ランバスは、この「北京協和医院」の前身となるメソヂスト監督教会の「北京メソヂスト病院」に関わり、その活動を以下のように報告している。

学校の医学部としてのウィリィー学院による病院の組織は、病院と学校の両方にとって有益であると私は思

⑨設立当時の北京協和医学院(PUMC)の正門

昔の記録写真から

⑩設立当時の礼拝堂のロビー

昔の記録写真から

⑪設立当時の解剖実験室

昔の記録写真から

⑫北京協和医学院（PUMC）の正門

⑬北京最古のカトリック教会

います。今年の初め頃から私は、既に一つの医学クラスを持ちました。そして今年の冬に第二のクラスを行う予定です。

基礎研究領域において、講義を説明、学生の興味を高めるための主な方法として、過去一年間に渡り、私は博物館と図書館を建てるために力を尽くしました。そして、ミッションメンバーの協力によって、私たちはすでに何百の標本と多くの本を備えました。前者の方には五〇の国産の薬の標本が含まれています。これらの標本は天津の帝国税関のカストロ氏からの献品です。また他に五〇種類以上の標本もまもなく集まりそうです。(15)

また、ランバスは、医学部における研究面の整備に尽力しただけではなく、病院に於ける治療と宗教活動にも言及して、次のように述べている。

朝患者と一緒の祈祷会は毎日あり、私がいなくても、学生たちによって実施されます。現地の牧師による患者に対する働きは非常に定期的で、効果的です。毎日午後患者が薬を飲む前に、私たちは簡単な礼拝を行う。しかしこの働きは、牧師が常駐しないために、不規則になることを避けられませんでした。私はこの部門へ全エネルギーを捧げることのできる熱心な若い人が送られることを希望します。(16)

この北京での医療宣教とその活動報告を最後に、W・R・ランバスは、中国での宣教活動に終止符を打ち、日本への宣教を志し、一八八六年に神戸へと向かったのである。

（４）吉林

Ｗ・Ｒ・ランバスは、最晩年に中国の北東部からシベリアにかけて訪れている。一九二〇年の秋、ランバスは中国を北上し、中国東北部における深刻な飢饉状況を調査し、各地の宣教師と連携をとりつつ救援の可能性を探っている。この深刻な飢饉状況は、一九一七年のロシア革命以降の国際的な状況や中国国内の政治状況によって引き起こされたものであったといえる。帰国直後の一九二一年一月、ランバスは、「私が見た中国の飢饉状況」[17]というリポートを執筆し、その中で、食料や燃料不足の問題、病気や社会的影響、救援組織の問題等、詳細に報告している。そして最後に、救援の緊急性を次のように呼びかけている。

時間が一刻も無駄に出来ない。なぜなら、一五〇〇万人が三月までにもし現在得ている以上の食物を得なければ、食物の不足によって弱り、飢餓、病気、また寒さで死ぬであろう。……………これらは誇張された報告ではない。私は悲劇を見た、確かにこの目で見た。そこで働く宣教師たちはそのことを強く感じており、即座に十分な援助を与えるようにと主張している。

私は繰り返し述べるが、あなたがたは各委員会において絶対的な自信を持つべきである。なぜなら、彼らは各ケースにおいて、上海、天津、また北京でも、広範囲なメンバーシップがあり、多くの宣教師たちがいるからである。上記の委員会へ送られ、そしてそこを通して分配された援助金は、必ずその目的を達成するであろう。

私は、これ以上どんな言葉で訴えるよりも、これらの事実が事態の緊急性を示すと確信する。この要求を満たすために一刻も無駄にしてはならない。そして、確保されるどんな資金でも、私には上記の委員会のいずれかを通して、電報で送らなければならない。[18]

ランバスが、現地調査をもとに詳細に報告し、緊急の支援を呼びかけたリポート「私が見た中国の飢饉状況」は、小冊子として配布され、あるいは新聞にも公表され、この深刻な問題について世論を喚起し、飢餓救済委員会を発足させるに至っている。その経緯について、ピンソンは次のように述べている。

中国で飢饉に見舞われた地域を通過した際の彼の観察記事は、飢餓救済委員会を発足させるに当たって最も効果的な証言となったと言えよう。一九二一年に私はサミット・ヘラルド紙上でそれを公表したのだが、委員会はその機構を完全なものにして最新の報告を待っている間、とりあえずプロパガンダらしいことができるようにそれを何千部もコピーしてもらっている。後にはそれは何万部も出版された。(19)

⑭吉林の風景

この写真⑭〜⑯は、現在の吉林の街とカトリック教会であるが、ランバスがこの街を訪れた当時、目にしたであろうこの街を流れる大河と一九一五年にパリの修道会との関係で建設されたゴシック様式のカトリック教会である。

一九二一年七月、ランバスは、再度、中国からシベリヤへと、陸路で四〇〇〇マイルにものぼる長旅に出かけている。その目的は、米国の対策委員会から委嘱された中国の飢饉状況の新たな調査をすることと、シベリア・満州地区宣教会の年次大会を監督として開催することにあった。その旅の目的について、ランバスは、ピンソン宛てに次のような手紙を送っている。

目下の状況にあって、東洋での幾つかの宣教計画に関して、貴下に何行か手紙をしたためる必要があるように思われます。七月八日に上海に上陸し、その翌日私は蘇州に行き二日を過ごしました。それからまた上海に戻り、十四日に同地を離れて飢饉に見舞われている地方に行きましたが、その間鉄道で先を急ぎ、合衆国内の委員会にしてもらわなければならないことが組織的にはこれ以上ないことを確認して安心しました。瀋陽を経由して朝鮮のソンドに行き、クラム博士と三日間過ごしてから、クラム、ティラー、ブラナン、リャンの四人とともに北へ向かって満州に行き、吉林とハルビンを訪問しました。私たちは七月三十一日にハルビンではな

⑮吉林のカトリック教会

⑯吉林のカトリック教会堂の内部

くニコルスクで、シベリア・満州地区宣教会の年次大会を開きます。[20]

絶え間なく働き続けながらの四〇〇〇マイル以上の陸路の旅は、健康な人にとっても重い負担であり、まして病気で弱り苦痛にさいなまれている彼にとっては負担が大き過ぎた旅であったことは疑いようもなく、これがランバスの最後の宣教活動となったのである。

（5）再び上海

一九二一年七〜八月にかけて、W・R・ランバスは、シベリア、中国、韓国を経由して、軽井沢での会議に参加するため日本の地を踏む。しかし、長い過酷な旅の故に、そこで発病し、九月一日に横浜ジェネラル病院（現山手病院）で手術を受けるが、九月二六日に神のみもとに召された。六六歳であった。

その遺骨は、一〇月一日に神戸の原田の森における学院の神学部講堂に安置され、一〇月三日に学院教会において、厳かに告別式が行われた。[21] さらに一〇月十一日、上海のムーア記念教会でランバスの葬儀が行われており、その模様について、ピンソンの伝記に詳しく叙述されている。

自分も中国の土地で、母の傍らで永遠の眠りにつきたいというのが彼の願いであった。したがって彼の遺骨は上海に運ばれ、国際色豊かな葬儀と弔詞や供花で葬られた。…………中国では葬儀のときには南部のどの都市でも弔いの鐘が響き、空気を震わせたものだった。自分の教派に鐘がない場合には、他の教会――それが監督派、会衆派、その他どの教派であれ――が、その時間に金を鳴らすこともあった。葬儀が国際的だったというだけでなく、彼の死は教派を越えた損失であり、哀悼されたのである。[22]

写真⑰はW・R・ランバスの葬儀が行われた上海の中心部にある「沐恩堂」である。この教会は、一八八七年に南メソヂスト教会によって設立された教会であり、「慕爾堂」（ムーア記念教会）と呼ばれていた。「沐恩堂」の正面入り口には、ヨハネ福音書八章三二節の聖書の言葉「真理使爾自由」が記されている。

W・R・ランバスの遺骨は、上海の外国人居留地墓地「八仙橋公墓」で埋葬された。そこは、すでに母メアリーが眠っている墓地であり、その傍らに葬られた。この外国人居留地墓地は、一九五七年一二月に上海郊外の「吉安公墓」に移転したため、写真⑱にあるように、現在は「准海公園」となっている。なお、一九三八年に、妹ノラとその娘一家が、W・R・ランバスとその母メアリーの眠る外国人居留地墓地に墓参している写真が学院史編纂室に遺されている（写真⑲参照）。

⑰沐恩堂（ムーア記念教会）

上海郊外の「吉安公墓」では、W・R・ランバスの墓は第六区画（分区）の№１０２であり、その隣の№１０１が母メアリーの墓であった。上海郊外にある移転先の「吉安公墓」を訪れたが、そこは現在、ムスリムの人々のための「回民公墓」となっており、かつての外国人居留地墓地としての面影は残されていなかった（写真⑳参照）。「回民公墓」がムスリム専用の墓地になったのは、一九七九年の国家民族政策によるものである。「吉安公墓」が取り壊されたのは、文化大革命の最中、恐らく一九六七年の五月か六月といわれている。(23)「回民公墓」から五

⑱上海の公園

⑲上海の外国人墓地（1938 年）

⑳回民公墓

㉑息園

○メートルほど離れた所に、中国の人々のための広大な墓地「息園」があり（写真㉑参照）、その墓地の管理の人に「吉安公墓」に存在していた外国人の方々の墓に関する情報を得ようとしたが、詳しいことは窺えなかった。

W・R・ランバスの遺骨が埋葬された墓地を探し求めて、上海市内の「八仙橋公墓」、郊外の「吉安公墓」、そして「息園」を時間をかけて訪ねたが、日本で得ていた情報を確認する結果となった。今は「回民公墓」の庭園となっている場所で腰を下ろしながら、改めてW・R・ランバスの宣教師としての生涯を深く思い描きながら、「国籍は天にあり」という聖書の言葉を心に刻んだ。

結び

以上、中国におけるW・R・ランバス宣教師の足跡を、上海、蘇州、北京、吉林、再び上海と辿ってきた。ランバスの蘇州での働き、及びその葬儀と墓地については、今回の調査で、これまでの研究・調査の成果を新たに確認したといえる。他方、今回の調査と新たな資料発掘により、これまでの研究・調査では解明されなかったいくつかの点を以下にまとめ、結論としたい。

まず第一は、上海における働きにおいて、一八七四年にＪ・Ｗ・ランバスの指導の下で再建された「聖誕堂」のルーツと現在の跡地（黄浦区第一小学）が確認されたことである。また、父Ｊ・Ｗ・ランバスと同様、Ｗ・Ｒ・ランバスが、宣教活動に水路を利用し、小型ボートで自在に展開していたことを、当時の上海の水路を行き交う小型船舶の写真を通して推察した。そして、まさにその宣教方法との類比により、後に神戸に赴任したランバスは「瀬戸内宣教圏」と呼べる壮大な宣教のビジョンを構想し、瀬戸内を最大限に利用した宣教を展開したといえるのである。

第二に、北京においてＷ・Ｒ・ランバスが関わった北部のメソヂスト監督教会の「北京メソヂスト病院」におけるその働きの内容が、これまで不明であったが、北部のメソヂスト監督教会の年会リポートによって明らかになったということである。また、その後の教派連合による「華北協和医学院」（一九〇六年）の設立と「北京協和病院」（別名「ロックフェラー病院」、一九二一年）の設立の歴史的経緯が、写真と資料によって新たに解明されたといえるであろう。

そして第三に、中国の深刻な飢饉状況の視察・調査の長旅と、帰国直後の一九二一年に執筆した「私が見た中国の飢饉状況」というリポートによって、ランバスの最晩年における重要な貢献が明らかにされた点である。ランバスが、現地調査をもとに詳細に報告し、緊急の支援を呼びかけたそのリポートが、この深刻な問題について世論を喚起し、飢餓救済委員会を発足させるに至ったのである。

最後に、この研究ノート作成に至るまで、吉林大学、青山学院資料センター、関西学院史編纂室、徐亦猛院生など、多くの方々にご協力いただいたことに対して、心よりお礼を申し上げたい。

[注]

（1）野田正彰「ランバスと中国での医療伝道」『学院史編纂室便り』№23、二〇〇六年五月。

（2）徐亦猛院生は、現在、本学神学研究科博士課程後期課程に在籍。通訳のために同行していただいただけでなく、資料やその翻訳においても協力していただいた。

（3）木下隆雄「親日と愛国――『尹致昊日記』抄（21）」『現代コリア』第四六四号、二〇〇六年九月号、七〇頁。

（4）碩衛民『基督教与近代中国社会』上海人民出版社、一九九六年、三一二頁。

（5）W・W・ピンソン『ウォルター・ラッセル・ランバス』学校法人関西学院、二〇〇四年、六五―六六頁。

（6）拙稿「ウォルター・R・ランバスの瀬戸内伝道圏構想」『関西学院史紀要』第一一号、二〇〇五年。

（7）ピンソン、前掲書、六七頁。

（8）同書、七八頁。

（9）一九二二年に建て替えられた状況については、Seventy-Seventh Annual Report: Board of Mission. Methodist Episcopal Church, South, Nashville 1923, p. 97. を参照。

（10）蘇州大学歴史学部の張夢白教授のメモ「米国 Lambuth 一家と蘇州東呉大学および日本関西学院の関係」（一九八九年四月二四日整理）。

（11）アレンとの確執については、拙稿「ウォルター・R・ランバスの瀬戸内伝道圏構想」を参照。

（12）ピンソン、前掲書、八四―八五頁。

（13）山本澄子『中国キリスト教史研究　増補改訂版』山川出版社、二〇〇六年（Annual Report of the Board of Foreign Missions, Methodist Episcopal Church, New York 1922.）。

（14）一九八六年にブレイ先生ご夫妻が訪れたときは、まだ「首都病院」という名称を使用していたことが、撮ってこられた写真から窺える。

(15) 一八八五年度の「北京メソヂスト医院」のリポートは、W・R・ランバスが執筆している（Sixty-Eighth Annual Report of Missionary Society of the Methodist Episcopal Church, New York 1887, p. 94.）。
(16) op.cit., p. 95.
(17) W. R. Lambuth, China Famine Condition Which I Have Just Seen.
(18) Ibid.
(19) ピンソン、前掲書、一二三頁。
(20) 同書、二七九―二八〇頁。
(21) 『関西学院学報』第弐号、一九二二（大正一一）年六月二三日。
(22) ピンソン、前掲書、二九〇頁。
(23) この経緯については、中国在住のウィリアム・シェン氏よりブレイ夫妻に宛てられた手紙（一九八〇年四月七日）に記載されている。

COLUMN

上海とW・R・ランバス

二〇一〇年、万博が開催された上海は、今日の中国の経済的躍進の象徴ともいえる国際都市です。実は、この上海と関西学院の創設者W・R・ランバスとは深い繋がりがあります。最初の繋がりは、上海は何と言ってもランバスが誕生した地だということです。父J・W・ランバスと母メアリーは、一八五四年に結婚して間もなく、アメリカの南メソヂスト監督教会の宣教師として中国の上海に派遣され、同年の一一月一〇日に長男としてウォルターが誕生しました。上海は、文字通りW・R・ランバスの生まれ故郷といえます。

上海との第二の繋がりは、ランバスがアメリカにおいて神学と医学の勉学を終えた後、結婚したばかりの妻デイジーと共に、一八七七年一一月に医療宣教に従事するための、最初の赴任地として上海に派遣されたことです。宣教師としての初めての働きの場が、生まれ故郷であったこともあり、着任した年から、小型ボートで自在に運河などを走行し、積極的に宣教活動を展開しています。さらに特筆すべきことは、一八八〇年に上海でランバスが開設した阿片中毒治療所の働きです。当時の西欧の利益追求のために引き起こされた阿片戦争によって、麻薬中毒に苦しむ人々に仕える働きとして、この治療所が開設されたといえます。

上海とのもう一つの繋がりは、ランバスが亡くなられて後、上海の教会で葬儀が行われ、埋葬されたということです。ランバスは、その晩年一九二〇年の秋、中国を北上し、中国東北部における深刻な飢饉状況を調査し、各地の宣教師と連携をとりつつ救援の可能性を探り、帰国後、食料や燃料不足の問題、病気や社会的影響、救援組織の問題等、詳細に報告しています。さらに一九二一年七月、

右：沐恩堂（ムーア記念教会）
上：日曜日の礼拝の様子

ランバスは、再度中国の飢饉状況を調査するために、中国からシベリヤへと、陸路で四〇〇〇マイルにものぼる長旅に出かけています。しかし、長い過酷な旅路もあって、そこで発病し、九月一日に横浜の病院で手術を受けますが、九月二六日に神のみもとに召されました。その遺骨は、一〇月一日に神戸の原田の森における学院の神学部講堂に安置され、一〇月三日に学院教会において厳かに告別式が行われました。さらに一〇月一一日、上海のムーア記念教会で盛大な葬儀が行われています。

写真は、その葬儀が行われた上海の中心部にある教会です。現在は三自愛国基督教会所属ですが、歴史的には一八八七年に南メソヂスト教会によって設立された教会であり、「沐恩堂」（ムーア記念教会）と呼ばれています。二〇一一年五月一三―一五日、筆者は上海の復旦大学における宗教間対話と平和形成に関する日・中・韓の国際フォーラムに参加し、日曜日にこの教会の礼拝に日本からの参加者と共に出席しました。五〇〇名を超す盛況な礼拝を共に守りつつ、中国東北ににおける深刻な飢饉の救援のために奔走された末逝去され、この教会で葬儀が行われた学院創設者の歩みを心に刻みながら、併せて東日本大震災の犠牲者を覚えて祈る時が与えられました。

第4章　草創期のエキュメニカル運動とW・R・ランバス

はじめに

二〇世紀以降における世界のキリスト教の重要な指標の一つは、「エキュメニカル」と呼んでも決して過言ではない。一九一〇年にエディンバラにおいて開催された世界宣教会議によって、現代のエキュメニカル運動が始まったといえるが、より厳密にいえば、すでに一九世紀の後半より多様な先駆的潮流が存在していたのである。筆者は、後述のように、一九世紀後半から一九二〇年代までを「草創期のエキュメニカル運動」と規定しているが、関西学院の創設者W・R・ランバスの生涯（一八五四―一九二一年）は、まさにこの時期にあてはまるのである。

これまで、草創期のエキュメニカル運動とW・R・ランバスとの関係についてほとんど研究されることはなかったが、ランバスの宣教活動とその思想がエキュメニカル運動にいかなる先駆的な貢献を果たしたかを検証することは、意義のあることと思われる。本章では、まず草創期のエキュメニカル運動について概略的に叙述した後、W・R・ランバスにおける医療宣教の働き、さらにエキュメニカル運動への参与と貢献、そして最後にエキュメニカルな宣教思想について考察したい。

なお、本章ではMissionを「宣教」、Evangelismを「伝道」と訳し、前者が後者を包摂する広義の概念として用いるので、翻訳の著書を引用する際にも、原文を参照しつつこの用法を適用する。

1　草創期のエキュメニカル運動

(1)　先駆的運動の諸潮流

現代のエキュメニカル運動の出発点となった一九一〇年のエディンバラにおける世界宣教会議は、すでに一九世紀に芽生え始めていたいくつかのエキュメニカルな先駆的潮流が収斂した成果といえる(1)。

まず第一の潮流は、海外に対する欧米諸国の宣教運動における協力と一致の働きである。欧米諸国における数多くの宣教協会の中で、例えばロンドン宣教協会やバーゼル宣教協会の働きには、本国での宣教師の養成と派遣という面で教派を越えたかたちの協力体制がみられた。他方、海外宣教のフロントでも教派を越えた一致と協力の体制が、例えばインドやケープタウンなどで比較的早い段階からうかがえる。第二の先駆的潮流としては、一九世紀後半に矢継ぎ早に結成された世界教派の交わりがあげられる。一八六七年に聖公会が第一回ランベス会議を開催したのを皮切りに、世界の改革派教会同盟（一八七五年）、メソジスト世界教会会議（一八八一年）、会衆派教会の国際協議会（一八九一年）、バプテスト教会世界会議（一九〇五年）などの諸教派の世界的な交わりが結成されている。わけても、一八八八年の聖公会のランベス会議において、教会一致の要件として聖書、ニカィア信条、バプテスマと聖餐の聖礼典、歴史的主教制という四つの要件が「ランベス四綱領」として提示されたことは特筆すべきである。

さらに第三の潮流に、青年と学生の運動があげられる。青年の運動としてはＹＭＣＡとＹＷＣＡの両運動があげられるが、双方とも信徒運動であるという点に特別の意義がある。ＹＭＣＡ運動の端緒は、一八四四年に英国の一人の青年Ｇ・ウィリアムズの提唱に遡るもので、資本主義社会によってもたらされた労働問題を含む青少年問題を、キリスト教信仰に基づく活動によって克服しようとした運動である。他方、ＹＷＣＡ運動は、一八五五年にロンドンにおいてＥ・ロバーツによって始められた運動で、ＹＭＣＡと同様、急速に世界的規模に広まっていった。また学生運動としては、一八九五年に世界学生キリスト教連盟（ＷＳＣＦ）が結成され、全世界の学生キリスト教運動が教派を越えて一つに結合されたが、ここから数多くのエキュメニカル運動の有力な指導者を輩出している。そして第四の潮流は、キリスト教的社会活動である。英国では、一八四〇年代以降、炭坑や工場における女性や子どもの保護のために尽力したＡ・Ａ・シャフッベリー、あるいは一八八〇年代のセツルメント活動などが注目される。またドイツでは、一八六一年に福音主義ディアコニッセ養成所を設立したＴ・フリートナーやインネレ・ミッションを創設したＪ・Ｈ・ヴィッヘルンなどの社会活動があげられる。さらにフランスでは、一八八七年に「社会問題実践研究プロテスタント協会」が設けられている。

(2) 世界宣教会議

以上のような先駆的な諸潮流を背景として、一九一〇年にエディンバラにおいて世界宣教会議が、米国メソヂスト教会のＪ・Ｒ・モットの提唱で開催された。エキュメニカルな宣教会議の理念を先駆的に構想したのは、英国バプテスト派の宣教師Ｗ・ケアリであったが、実際には一八五四年にニューヨークとロンドンで開かれた宣教会議に、歴史的ルーツが求められる。この会議はさらに、一八六〇年にリヴァプール、一八七八年にはロンドン、一八八八年にも同じくロンドン、そして一九〇〇年にはニューヨークにおいて継続して開催されてきた。とりわけ、最後のニューヨーク会議は、「エキュメニカル宣教会議」と呼ばれたもので、比較的、規模の大きな会議であった。

エディンバラ宣教会議は、規模の面からも内容の面からも、それまでの宣教会議を凌駕する実態を備えた歴史的な会議と呼べるものであった。カトリック教会と正教会を除く諸教派の「宣教協会」より、一二〇〇名以上の代表が相集い、「この世界の福音化」を目ざす宣教の多彩な諸問題を集中して協議し合った。このエディンバラ会議をその準備段階から指導したのは、J・R・モットと英国のJ・H・オールダムであり、前者は会議全体の議長、後者は幹事として選ばれている。会議では、全世界への福音の使信、宣教地における教会、国民生活のキリスト教化と関連する教育、非キリスト教的諸宗教との関連における宣教への使信、宣教師の養成、宣教の基礎としての教会、宣教と政府、協力と一致の促進など、八つの分科会が設けられた。[2] 日本からは、本多庸一、井深梶之助などが参加し、貢献している。

エディンバラ宣教会議の第一の意義は、前世紀の先駆的運動の諸潮流が集約した場であり、同時に現代のエキュメニカル運動の始動を告知する歴史的会議であったという点にある。第二の意義は、会議の参加者が、各々の「宣教協会」の公式代表によって構成され、しかもそれ以前の会議のように、一般聴衆を教育したり、感動を与えたりするものではなく、直面する宣教課題を真剣に「協議する集まり」であったということである。さらに第三の意義は、この会議を通して教会の一致への関心が高揚した点があげられる。そして第四の意義は、この会議がエキュメニカル運動のよき訓練の場となり、それ以降のエキュメニカル運動の有力な指導者が輩出された点があげられる。

エディンバラ会議の限界としては、会議自体が、その準備段階から英国と米国のイニシアティブで進められたということで、ヨーロッパ大陸といわゆる「若い教会」からの参加者が少数に留った点があげられる。エディンバラ会議以降、一九一二年に *The International Review of Missions* という公的雑誌が公刊され、さらに一九二一年には、ニューヨーク州レイク・モホンクにおいて「国際宣教協議会」（ＩＭＣ）が正式に発足し、一九二八年にエルサレムで、一九三八年にはタンバラムにおいてＩＭＣ主催の世界宣教会議が開催されている。

（3）「生活と実践」世界会議

エディンバラ宣教会議の影響を受けながらも、社会倫理という領域で世界会議が催されたのが、一九二五年のストックホルムにおける「生活と実践」（Life and Work）の世界キリスト教会議であった。この世界会議は、スウェーデンのルター派監督Ｎ・ゼーダーブロムによって提唱されたもので、第一次世界大戦の反省から、世界の平和を教会の課題として具体的に求めるという祈りに根ざしている。会議には、三七カ国より六〇〇名以上の教会代表が集っている。会議の参加者の構成で重要な点は、ストックホルム会議が教会の公式代表によって構成されていた点であり、この点で「宣教協会」代表によって構成されていたエディンバラ宣教会議とは異なっていたといえる。まさにこの会議が、「最初のエキュメニカルな教会々議」と呼ばれるゆえんである。

ストックホルム会議は「倫理のニカィア会議」とも呼称され、「教理は分裂させるが、奉仕は一つにする」というＨ・カプラーの言葉は、まさにこの会議のモットーとして、会議内容の実践的性格をよく示唆している。会議では、世界に対する神の計画の光における教会の一般的責務、教会と経済的・産業的諸問題、教会と社会的・道徳的諸問題、教会と国際関係、教会と教育、諸教会間の協力を促進し、その親密な方針の連合のための方法と手段など、六つの分科会が設定された。当時の神学的状況を反映した重要な神学的争点は、神の国と人間の行為の関係をめぐるものである。一方の立場は、いわゆる「社会的福音」の系譜をひく米国、英国の代表で、神の国は人間の行為によって実現されうるという主張であり、他方は、神の国は人間の歴史の終末にもたらされるというドイツの代表の主張である。[3]

会議の基本的意図は、現実世界における実践課題を共有して分裂した教会の一致と友好関係を回復する点にあったといえる。この点に関しては、ゼーダーブロムの創造といえる会議のためのエキュメニカルな讃美歌集の副題「礼拝と奉仕におけるエキュメニカルな交わり」（Communio in adorando et servieno oecumenica）が、彼の意図をよく示唆している。(4)

（4）「信仰と職制」世界会議

一九二七年にスイスのローザンヌで開かれた「信仰と職制」（Faith and Order）世界会議は、ストックホルム会議と同様、世界の諸教派からの代表によって構成された会議であった。一〇八の教会から四三九名が参加しているが、そこには、正教会、聖公会、古カトリック教会、ルター派、改革派と長老派、メソヂスト派、会衆派、バプテスト派、ディサイプル派、クウェーカー派、メノナイト派など、カトリック教会を除く殆んどの歴史的教派の諸教会から代表が派遣された。

ローザンヌ会議は、米国聖公会主教のC・H・ブレントの提唱によるもので、教会における信仰と職制に関わる問題が、深刻な教会の分裂をもたらしてきたことを反省し、一致をめざして具体的に歩み寄ろうとした点にその基本的意図がある。内容的には、一致への呼びかけ、世界への教会の使信：福音、教会の本質、教会の共通の信仰告白、教会の霊的職務、聖礼典、キリスト教の一致と現存する教会のその一致に対する関係、などの諸問題について論議された。

ローザンヌ会議の第一の意義は、会議の参加者の構成の問題として、ストックホルム会議と同様、正式の教会代表から構成された会議であったということである。第二の意義は、宗教改革以降分裂を重ねてきた諸教会が、世界的な規模で初めて教会の一致へと教理的に踏みこんで、互に歩み寄ろうとしたその歴史的意義にある。そして第三の意義としては、一つ一つの問題を丹念に検証し、論議を重ね、相互に合意できる一致点だけでなく、相違点も明確に指摘している点があげられる。その方法は、伝統的教理を相互に比較し合って、一致点と争点を探る「比較教会論」と呼ばれている。ローザンヌ会議に参加した聖公会の稲垣陽一郎が、「信仰職制」という訳語を最初に用いた『報告書』を翻訳した貢献は重要である。(5)

２　Ｗ・Ｒ・ランバスの医療宣教の働き

（１）上海と蘇州における宣教の働き

エキュメニカル運動の草創期から、「教理は分裂させるが、奉仕は一つにする」というエキュメニカルな標語が語り継がれている。医療宣教の働きは、まさにそのような一致をもたらす、人間の苦しみに仕える「奉仕」の働きにほかならない。

Ｗ・Ｒ・ランバスにおける医療宣教の働きは、最初の宣教地である中国やアフリカのコンゴなどに及んでいる。日本では、来日した当時、すでに医療機関がある程度整っていたこともあり、ほとんど医療活動は行われず、キリスト教主義学校の設立と教会の創設を中心とするものであった。(6)

ここでは、最初に主として中国におけるＷ・Ｒ・ランバスの医療宣教の働きについて論述してみたい。(7)中国における本格的な医療宣教の開始は、アメリカの長老派の宣教師Ｐ・パーカーによって、一八三四年から始められ、一八三八年には、パーカーらによってプロテスタントの中国医療宣教会が創立された。(8)

Ｗ・Ｒ・ランバスが、アメリカにおいて神学と医学の勉学を終えた後、妻デイジーと結婚し、宣教師として上海に赴任したのは、一八七七年一一月であり、翌月より医療宣教の仕事に着手している。最初の年の活動について、その報告書の中で彼は述べている。「一ヶ月のうち一週間は百四マイルに及ぶ範囲を巡回し、六つの市や町で投薬し、また説教する。翌月は二百マイル以上の範囲を二週間かけて巡回し、十二ほどの都市を訪問する」[9]。最初の年からこれだけの活動が可能であったのは、上海が生まれ故郷であり、言葉にも不自由しなかった点があげられるが、同時に父J・W・ランバスと同様、宣教活動に水路を活用し、小型ボートで自在に運河や蘇州河などを走行していた点があげられる。

上海における特筆すべきランバスの働きは、一八八〇年五月に開設した「阿片中毒治療所」であった。その治療所の開設の背景について、伝記の著者は、「西欧人の貪欲な利益追求のため、中国人にこの破壊的な麻薬を押しつけることになった阿片戦争の災いは、その猛威を振るっている只中だった。治療を必要とする不幸の中でも、最もありがちで、最も痛ましいのが阿片の常用だった。この若き医師の心は、このような悲劇的な訴えをいつまでも座視してはいられなかった。阿片中毒治療所はそれに対する彼の答えだった[10]」と述べている。

一八八一年、W・R・ランバスは、ニューヨークのベルビュー大学病院において東洋医学を研究後、翌年には再び中国に戻り、蘇州において再び医療宣教に取り組んでいる。蘇州は、父のJ・W・ランバスも、何度か宣教活動で訪れており、上海に次ぐ南メソヂスト教会の宣教地であった。ランバスは、蘇州で医療宣教を始めた翌年の一八八三年一一月八日、W・H・パークと「博習医院」を開設し、そこを拠点として精力的に医療宣教を展開しているが、当時の医院の日課について次のように記されている。

日課は厳しく定められていて、六時に起床の鐘の音で始まり、鐘を叩く音に従って次の行動に移り、就寝の鐘で一日が終わる。日課の中には宗教的教育も入っていて、主要な位置を占めていた。定時の講話と病床での奨励があり、聖書や小冊子が配布された。[11]

パークと共に開設した蘇州病院は、ランバスが去った後もパークにより引き継ぎ育てられる。妹ノラはのちにパークの妻となった。博習医院旧址と隣接して蘇州大学が存在しているが、この蘇州大学のルーツは、一九〇〇年に南メソヂスト教会によって設立された「東呉大学」であり、ランバスとパークによって創設された傳習医院も、その前身となっているのである。

(2) 北京における宣教の働き

一八八四年、父のJ・W・ランバスが休暇で帰国中に中国の宣教の責任を負ったY・J・アレンとの確執に加え、家族の健康上の理由により、W・R・ランバスは蘇州を去り、その活動の場を北京に移している。同年、北京に中国初のエキュメニカル運動の一つの拠点ともいえるYMCAを設立している。ランバスは、エモリー・アンド・ヘンリー大学に在学中に大学YMCAを組織し、その会長に選ばれていることを考えれば、このYMCA設立は学生時代からのエキュメニカルな関心の表れともいえるであろう。創設された北京のYMCA学院では、「赤い表紙で美しく装幀したキリスト教の基本文庫一巻を用意し、これを学力試験のために集まるすべての学徒に提供した。そのなかには『キリストの生涯』『ルカによる福音書』の他キリスト教の基本線を記したトラクトが数冊含まれていた。また半年に一回、その間に提出されたキリスト教に関するエッセーのなかから最優秀三作品に対して奨励賞が出ることになっていた」[12]と、その活動に言及している。

北京では、当時としては異例のことであったが、米国北部のメソヂスト監督教会の仕事に従事している。ピンソンは、その事情を次のように述べている。

色々理由があって、この年、一八八四年末に博士は職を辞して北京に行き、メソヂスト監督教会の仕事をすることになった。ここで博士は、ある意味でロックフェラー病院の先駆ともいえる病院を開設した。ロックフェラー病院の建物は建設に七百万ドルかかり、世界でも一番立派な、また最高の設備をもつ病院と言われている。(13)

ここで「ロックフェラー病院」と言われているのは、一九二一年にロックフェラー財団の所属中華医学基金によって設立された「私学北京協和医学院附属病院」、通常「北京協和病院」と呼ばれている病院である。この病院成立の背景に、二〇世紀初頭の中国において、エキュメニカル運動の影響、及び欧米主導の教会や学校、病院等の運営に対する強い批判から、中国側と欧米側が「協和」して運営しようとした背景があったといえるであろう。すでに、一九〇六年に北京で、米国メソヂスト監督教会（北部）、米国長老会（北部）、アメリカン・ボード（会衆派）、ロンドン宣教会による連合の「華北協和医学院」が設立され、この連合の医学院を基盤として、一九二一年にロックフェラー財団によって「北京協和病院」が建設された。そして、一八八四年から数カ月間、ランバスは、この「北京協和医院」の前身となるメソヂスト監督教会の「北京メソヂスト病院」に関わっているのである。ランバスはその病院で、医学部における研究面の整備に尽力しただけではなく、病院における治療と宗教活動にも言及して、次のように述べている。

朝患者と一緒の祈祷会は毎日あり、私がいなくても、学生たちによって実施されます。現地の牧師は患者に対する働きは非常に定期的で、効果的です。毎日午後患者が薬を飲む前に、私たちは簡単な礼拝を行う。しかしこの働きは、牧師が常駐しないために、不規則になることを避けられませんでした。私はこの部門へ全エネルギーを捧げることのできる熱心な若い人が送られることを希望します。[14]

この北京での医療宣教とその活動報告を最後に、Ｗ・Ｒ・ランバスは、中国での宣教活動に終止符を打ち、日本への宣教を志し、一八八六年に神戸へと向かったのである。

（3）著書『医療宣教――二重の任務』

ところでランバスは、晩年の一九二〇年に『医療宣教――二重の任務』という著書を出版している。[15] この著書は、これまでの中国、アフリカのコンゴ、ラテン・アメリカなどにおける長年の医療宣教の働きを基礎として、医療宣教における二重の任務を中心にまとめたものであり、その後アメリカにおいて医療宣教を志す宣教師養成のためのエキュメニカルな形での教科書となっている。

ランバスによれば、医療宣教における二重の任務とは、第一に病で苦しむ者に仕えて医療の専門家（医者）として病の治療に専念することであり、そして第二に宣教師としてキリストの福音を提示するという、二つの任務に他ならない。この二重の任務を担う医療宣教の目的について、ランバスは、「医療宣教の一つの大きな目的は、苦しむ人々や罪ある人々にキリストを指し示すことである。なすべきことは、高次の召命を、世俗的な職業に還元することではない。伝道、教育、産業、文書、医療、どの働きであれ、宣教師の最高の目的の一つは、神のみ子であり、世界の救い主であるイエス・キリストを指し示すことである」[16] と述べている。それ故、医療宣教に携わる者は、「物質的・霊的な手段を用いて、しかもそれらすべてを媒介として、輝きをもたらす光、浸透するパン種、防腐的役割を果たす塩とならなければならないし、そしていのちへと至るいのちの香りとなるのである」[17] と呼びかけているのである。

このような医療宣教の基本的理解に至る出会いの一つとして、中国の蘇州病院におけるある年老いた中国人婦人との出会いの経験を語っている。その婦人は、貧しい農家の妻であり、長年苦労を重ねて労働してきたことで、リュウマチで死にそうなほどの痛みを抱えて、病院で治療をうけ、そこで受けた温かい対応に、彼女は心を動かされる。その姿に触れてランバスは、「私は彼女の荒れた手を撫でながら、我知らず涙が流れてきて、老女の顔がかすんで見えなくなってしまった。一瞬、私の目はもう一人の顔が映ったように思えた。それは『わたしの兄弟であるこの最も小さい者の一人にしたのは、わたしにしてくれたことなのである』と仰せられた、あの偉大な『外科医』の顔であった。そのとき私は宣教師になるものの真の動機を見出したのだった。それは如何に深く心を動かすものであろうと個人が必要とするものではなく、巨万の群衆の訴えが如何に大きかろうと中国人のものでもなく、その言葉がどれほど断固としたものであろうと、命令や指令といったことでもない。それは主なるキリスト、主ご自身とその愛なのである」と語る。そして、ここにこそ私たちを行動に駆り立てるものが内在し、このような弱き人々の必要に力を貸すことが、主に仕えることであり、「宣教師の真の動機は、主の生涯の中に包み込まれ、主の愛の中に集中しているのである」[18]と、個人的経験を背景とした医療宣教師としての動機と使命について述べている。

(4) エキュメニカル運動における医療宣教

W・R・ランバスが担ってきた医療宣教の実践と理論的な反省については、一九一〇年のエディンバラ宣教会議においても、医療宣教会議（Medical Missionary Conference）というかたちで会期中に開催された。そこでは三つのセッションが開かれ、五七名の代議員を含む一三〇名が参加し、ランバスは第一セッションに参加している。報告には、「医療宣教は、以下の理由で、キリスト教会の宣教活動の統合的・本質的な部分として認められるべきである」と述べられ、「(a) われわれは、癒しのミニストリーを、人間に対する神の啓示の手段として用いるキリストの例証と命令によって導かれている。（ｂ）伝道の働きとして、このような働きの効力と必要性は、繰り返し多くの国々で立証されてきたし、そして、このような働きは、神の祝福によって確証されてきた」と、二つ理由があげられている。[19]

ここで、「癒しのミニストリー」という用語に言及されているが、その後、世界教会協議会（ＷＣＣ）のキリスト教医療委員会（ＣＭＣ）が、一九六四年と一九六七年の二回にわたってチュービンゲンのドイツ医療宣教研究所で開催した協議会において、この用語が新たに注目された。近年では、キリスト教医療委員会によって「癒しと全体性――健康における教会の役割」という文書が提出され、一九九〇年にＷＣＣの中央委員会において成立し、また二〇〇〇年にはドイツのハンブルグにおいて「健康、信仰と癒し」に関する協議会が開催されている。その後、癒しの主題は二〇〇五年五月にアテネで開かれた世界宣教会議において主要な課題となり、「来たれ、聖霊よ、癒しと和解のために――和解と癒しの共同体となるためにキリストに召されて」というテーマとして表現されている。「来たれ、聖霊よ、癒しと和解のために」という主題は、宣教が、われわれに属しているということではなく、教会と世界において聖霊として現在し、働いておられる神の宣教であることを想起させるものであり、世界宣教会議に提出された主要な討議資料の一つ『教会の癒しの宣教』も、豊かな論議を呼んだのである。[20]

3　エキュメニカル運動への参与と貢献

（１）北米海外宣教協議会への参与

一八九一年に、Ｗ・Ｒ・ランバスは日本における宣教活動を終えて後、アメリカに帰国し、南メソヂスト海外宣教局の主事に就任している。一八九二年からは、*Methodist Review of Missions* の主筆を担当し、一八九四年には宣教局総主事に選任され、一九一〇年まで一六年間にわたって南メソヂスト監督教会の海外宣教を統括する任務を担っている。

ランバスが、アメリカにおいてエキュメニカル運動に具体的な参与をする契機となったのは、一八九三年に米国およびカナダのプロテスタントの海外宣教ボードを代表する北米海外宣教協議会が創設されたことであり、その創立から参与している。ピンソンは、このエキュメニカルな協議会におけるランバスの関わりについて次のように述べている。

> 第一回の会合から、ランバス博士が集会に欠席することはほとんどなく、最後まで皆から尊敬される会員だった。彼は一度、議長を務めたことがあり、重要な委員会でも度々議長を務めた。世界に福音を宣教するという仕事の大切さを見誤ることはなく、いかなる教派といえども単独でそれをなすことなどできるはずがないということも心得ていた。また分割された勢力が争い、攻撃することによって世界を最終的に征服できるなどとも信じていなかった。だから、米国とカナダの五〇を越えるミッション・ボード、宣教協会から成る団体の結成が提案されたとき、彼は全力を挙げて、このプロテスタント教会連合の努力に協力し、これを推進するために参加することに躊躇はなかった。(21)

この北米海外宣教協議会との関わりで、特に強調しなければならない点は、一九〇〇年四月二一日から五月一日にニューヨークで開催された大規模なエキュメニカルな宣教会議の準備段階におけるランバスの貢献である。長年、教会連合の主事として活躍したW・ヘンリー・グラントは、その貢献について次のように記している。

一八九八年七月一五日、（ランバス）博士はクリフトン・スプリングズで先頭に立って組織化の計画とその手順を推進していった。一九〇〇年にニューヨークで開かれる超教派的宣教師会議の準備が行き詰まっていたときだった。ニューヨーク市で三〇〇〇人が参加し、さらに同数の訪問者が毎日見込まれる一〇日間の大協議会を開く準備と運営のためになすべき仕事と組織について、全体委員会が範囲を限定したのだ。[22]

一九〇〇年のニューヨークにおけるエキュメニカル宣教会議は、一九一〇年のエディンバラにおける世界宣教会議以前に開催された宣教会議として最大のエキュメニカルな宣教会議であり、「宣教の働き」として一三の分科会が開催されている。[23]その会議に至る準備で指導的な役割を、ランバスが果たしたのである。

（2）海外宣教のエキュメニカルな原則

ランバスのエキュメニカルな貢献として看過することができないのは、一九〇一年四月にニューオリンズで開催された南メソヂスト監督教会の協議会での貢献である。この協議会は、歴史的にも重要なもので、その協議会の計画やプログラムはランバスの手によるものである。協議会の中でランバスは、「南メソヂスト監督教会の海外宣教事業の歴史、方針及び展望」と題する演説を行っている。そして、その演説において提示された、以下のような海外宣教の原則が、その後の南メソヂスト監督教会の重要な原則として承認されたのである。

一、現地のキリスト教伝道者に高い地位を与え、もっと大々的に大胆に用いるべきである。新約聖書の使徒たちの先例を見れば、教化したいと願っている国で働き手を募るのが望ましいということが分かる。

二、何を教えるかということを、注意深く見守る必要がある。私たちは道徳、聖職者、教義の体系や制度を教えるために派遣されているのではない――人であり給う生けるキリスト、福音書のキリストを伝えるために遣わされているのである。無意識のうちにキリストの御顔をヨーロッパ化してしまっていることが多すぎるのである。

三、この人たちに対する宣教にふさわしい者が派遣されなければならない。すなわち、この仕事のための訓練を受けた、最もすぐれ、最も有能で、最も広い教養を身につけた者である。

四、私たちの宣教の最終目標は、各教派の支部を設立することではなく、その土壌に天の王国の種を植え、その結果、その国の特質に最も適合した形でのキリスト教を発展させることでなければならない。もちろん、キリスト教の大原則は守られなければならないが、礼拝形式と牧師の職制の両面ではこれらの制度を超え、最大限に自由な発展が許されるべきである。(24)

ランバスによって提案され、重要な海外宣教の原則として教会において承認されたのは、(1)現地の伝道者に高い地位を与えて、活用すること、(2)宣教に派遣されるのは、キリストのために派遣するのであり、ヨーロッパ化しないこと、(3)宣教に相応しい者が訓練されて派遣されること、(4)礼拝や職制など、その国に最も適合した自由な発展がなされるべきこと、という四つの原則である。一九〇一年の時点で、ランバスが提示した、これだけの卓越した内容を盛り込んだ海外宣教の原則のエキュメニカルな意義については、強調しすぎることはないであろう。

(3) 日本メソヂスト教会の成立

ニューオリンズ協議会で承認された海外宣教の原則が、具体的な試金石となったのは、一九〇七年における「日本メソヂスト教会」の成立の問題である。

日本メソヂスト教会は、一九〇七年五月二二日から、東京の青山学院に招集された合同総会において、カナダのメソヂスト教会日本年会と、アメリカのメソヂスト監督教会日本年会および南部年会（美以教会）、そして南メソヂスト監督教会日本年会（南美以教会）の三派四年会の合同により誕生した教会である。この日本にあるメソヂスト諸教会が合同するための願書を作成した一八八三年から数えれば、その合同が成立するまでに二五年もの歳月を要したことになる。このことは、例えば一八七七年に日本基督一致教会の成立、また一八八六年の日本基督組合教会の成立と比較してみた場合、少し長すぎる歳月といえる。その問題点について、日本メソヂスト諸教会の場合は、「ミッションの本国教会の総会の下に置かれているので、信条の変更はもちろん諸制度の改変や他派との合同など重要な問題になると、在日本教会が自分たちの会議で決めることはできない。その都度総会に請願してその承認を受けなければならないのである」[25]と指摘されている。換言すれば、日本基督一致教会や日本基督組合教会などは、本国教会と組織的に分離独立してその成立も早かったのに対して、日本メソヂスト教会の場合は、本国教会と組織的に非分離の関係にあったため、合同に至るまでに長い歳月を要したといえるであろう。

日本メソヂスト教会の成立が正式に決定されたのは、一九〇六年七月一八日にニューヨーク州バッファロー市で開催された三派合同に関する全権委員協議会においてであった。そこには、日本において宣教活動を展開してきた米国メソヂスト監督教会とカナダのメソヂスト教会、そして米国南メソヂスト監督教会からの代表として全権委員が集い、三派が合同して日本メソヂスト教会を設立する決議を全会一致で行い、翌一九〇七年五月に東京で合同総会を開催する旨を決定したのである。[26]南メソヂスト監督教会からは、全権委員として、Ａ・Ｗ・ウィルソン監督とＷ・Ｒ・ランバスが参与し、貢献している。このような日本メソヂスト教会の成立により、ランバスの提起した宣教原則の正当性が実証されたのである。

また日本メソヂスト教会の成立は、関西学院にとっても、新たな展開を可能にした。一九一〇年、東洋英和男子校の問題で新たな可能性を模索していたカナダ・メソヂスト教会は、南メソヂスト監督教会によって創立されていた神戸の関西学院に共同参与することを決議している。このカナダ・メソヂスト教会の共同経営によって、関西学院は飛躍的に発展したといえるのであり、そして、その背後にはランバスの熱い祈りと重要な貢献があったことは言うまでもないであろう。

（4）エディンバラ世界宣教会議での貢献

一九一〇年六月一四―二三日にエディンバラで開催された世界宣教会議の出来事は、一つの教会史的事件であった。しかも、エディンバラ宣教会議は、規模の面からも内容の面からも、それまでの宣教会議を凌駕する実態を備え、前世紀の諸潮流が見事に結集した歴史的な会議と呼べるものであった。会議で採択された『全てのキリスト教会のメンバーに向けたエディンバラ世界宣教会議の使信』では、「とりわけ、われわれは、全能の神に対して、世界に福音をもたらすという大きな委託に責任の自覚を深くしている。………キリスト者であることは、すなわちこの委託に参与することなのである」と、会議における情熱に溢れた姿勢が力強く表明されている。[27]

エディンバラ宣教会議の内容的概観は、以下の八つの分科会において討議されたテーマに示されている。すなわち、第一分科会　全世界への福音の使信、第二分科会　宣教地における教会、第三分科会　国民生活のキリスト教化と関連する教育、第四分科会　他宗教に対する宣教の使信、第五分科会　宣教師の養成、第六分科会　宣教の基礎としての教会、第七分科会　宣教と政府、第八分科会　協力と一致の促進、という八つの分科会である。

この中で特に重要な分科会の一つとして、「第二分科会　宣教地における教会」があげられ、ランバスはその副議長に任命されている。その会議の準備会を一九〇七年から着手し、いくつかの調査も行い、精力的に準備作業に取り組んできていたのである。[28]

「宣教地における教会」の分科会の副議長として、準備と議論を重ね、最終的にリポートが採択されているが、現代のエキュメニカル運動において画期的な意義をもつ内容となっている。例えば、これから共に歩み出すこれからの教会においては、「われわれは、たえず妥協しようとするのではなく、理解しようと努めなければならない。また画一化（uniformity）を目指すのではなく、一致（unity）を目指さなければならない」[29]と、多様性の中の一致が呼びかけられているのである。

また、宣教地における教会の在り方が、西欧の親教会との関係で、さまざまのケースにおいて問題となり、「一方では、宣教地における教会の自律性と自由であり、他方では、宣教地における若い教会と西洋における古い教会の間の相互的な影響と尊敬の関係の維持」[30]について語られる。しかも、「われわれは、キリスト者の間に愛と一致の精神が成長していることを喜んで認め、その働きの証拠に、特にインドと中国において注意を向ける。われわれは、さらに現在は、見かけ上、幅広い教派組織の時代であり、大きな教派間に親密な一致の時代である事を認める。われわれは、宣教地における多様な教派のメンバーが、全体として、さらなる分裂へと向かうのではなく、キリスト者の精神がそこにのみ究極的に休息できる、幅広い一致を目ざすような運動に心から共感していることを確信している」[31]と語られるのである。

第二分科会の論議の過程で、ランバスと関わりの深い朝鮮の南メソヂスト監督教会の尹致昊と日本メソヂスト教会監督の本多庸一の貢献があったことは注目すべきであり、恐らくランバスとの関わりで実現したものと思われる。朝鮮の尹致昊は、ミッション・ボードからの金銭の問題に言及して、現地の教会の宣教のために用いられるお金は宣教師のコントロールの下で行われるべきとする従来の原則に対して、より高次のキリストの原則を考慮しなければならないと主張する。そして、宣教師は、「お金は、利己的な目的のためにではなく、特定の地における神の国の前進のためにあるのだから、現地の指導者たちは、お金の配分について率直に協議する」ことを、真摯に考えるべきだと呼びかけている。[32]

他方、日本の本多庸一は、キリスト教宣教と国民的精神との関係に言及しつつ、「国民的精神や独立精神を認めない宣教の働きは、優柔不断で依存的なキリスト者をつくる」と指摘し、しかしそのことは、「国民的な教会の理想は、決して宣教師が必要でないとか、宣教師と対立的になることを意味していない」と述べている。そして具体的な実例として、日本における独立的で、自治的な長老派教会、会衆派教会、聖公会、メソヂスト教会の四教会をあげ、特に一九〇七年に成立した日本メソヂスト教会の場合は、「母国や米国から派遣されたすべての宣教師は、日本年会の正式会員であり、その年会によって任命が与えられる。……このような国民的な教会における国民的精神を認めることは、教会員自身にとって大きな価値があるだけでなく、外部の非キリスト教世界に対しても力強い影響力をもっている」と語っている。[33] このように、「宣教地における教会」をめぐる重要な論議の中で、副議長ランバスの関わりが深い、朝鮮の南メソヂスト監督教会の尹致昊と日本メソヂスト教会監督の本多庸一の貢献は、特に宣教地を代表する発言として重要な貢献であったといえるであろう。

4　ランバスにおけるエキュメニカルな宣教思想

(1) 宣教における一致と協力

最後に、一九一五年に母校のヴァンダビルト大学で行ったコールレクチャーにみられるランバスのエキュメニカルな宣教思想について考察したい。ランバスのコールレクチャーは、『キリストに従う道――ミッションの動態』として翻訳され、刊行されているが、その基本的な意図は、「いわゆるミッションの理論や方策の観点からする専門的な議論でもない。むしろわれわれは、宣教活動を支える霊的生命と力の源泉を探求することによって、いささかでもミッションの動態（dynamics）を闡明することを目指すのである」[34]と述べられている。コールレクチャーの構成は、第一講　神の国、第二講　聖霊――人間を探ね求める神、第三講　祈りの精神――人間の神探求、第四講　宣教とその担い手、第五講　宣教する教会、第六講　キリストの主権、となっている。またコールレクチャーにおいては、草創期のエキュメニカル運動における指導者の著書をよく引用されており、例えば、C・ゴア、C・H・ブレント、J・R・モットなどの著書があげられているのである。

W・R・ランバスにおける宣教思想についてては、宣教する側の事柄と宣教地における事柄として区分できるが、最初に、宣教する側の事柄について考察したい。ランバスは、最も重要なエキュメニカルなテキストの一つとして、ヨハネ福音書一七章における弟子達に対するイエスの別れの祈りに注目している。「また、彼らのためだけでなく、彼らの言葉によってわたしを信じる人々のためにも、お願いします。父よ、あなたがわたしの内におられ、わたしがあなたの内にいるように、すべての人を一つにしてください。彼らもわたしたちの内にいるようにしてください。そうすれば、世は、あなたがわたしをお遣わしになったことを、信じるようになります」（ヨハネ一七・二〇―二一）。

ここで、「すべての人を一つにしてください」という言葉は、西欧における長年にわたる教会の分裂を克服する一致への呼びかけであり、しかもその一致は、「世は、あなたがわたしをお遣わしになったことを、信じるように」と、宣教の証しに焦点をすえたものといえる。ランバスによれば、「かかる一致こそ、恵みの摂理にかかわる比類なき実であり、無上の賜物である。教会は、このような聖霊の力強い発露を絶えず祈り、待ち望む。そして神の摂理がここに凝縮される。事実、神の顕現と力にかかわる備えがこれほど整ったのは稀有なことであり、またみ霊による一致を求める広範な祈りが今日のように高まり、時機を得た例は曾てなかったように思われる」[35]と語られ、エディンバラ宣教会議以降の広範な一致を求める祈りが反映されている。あるいは、別の表現で、「今われわれに課せられている宣教の業を、もっとも有効に推し進め、一日も早く軌道に乗せるためには、むしろ教派間の調整と実現可能な相互協力のためにこれまで以上の努力を傾注すべきである。もしこの点で実りある進展がなければ、福音に与かるものに課せられた大いなる責任にたいしてわれわれは、不真実の誹りを免れ得ないであろう」[36]と述べているのである。

このような宣教における一致と協力を強調する方向は、エディンバラ宣教会議の第八分科会のレポート「協力と一致の推進」からも引用して力説されている。すなわち、「教会はいま、初代教会が福音の立場を力強く打ち出すことによって異教世界とたたかわなくてはならなかったように、ふたたび対決の時代に際会している。一方で教会行政の分離体制に起因する利点を評価し、他方で組織の改善や協力関係促進のための努力をしながら、しかもけっきょく現今のキリスト教が、適切な統合への見通しも十全な共通の基盤も確認しえないまま、高邁遠大な課題に立ち向かわねばならないというのが実状である」[37]と引用し、宣教における一致と協力の重要性に言及している。

ランバスにおける宣教思想という点で、もう一つ注目しておきたいのは、「神の宣教」(Missio Dei)に言及している点であり、例えば、「これらの事柄について、われわれが真実にして確乎たる認識をもち、また教会が神自身に由来するミッションに正しく目覚めるなら、必ずやあの『み国を来たらせ給え』というイエス・キリストの祈りを通してわれわれの前に掲げられた究極の目標に向かって、すばらしい一歩が踏み出されるに相違ない」と語られている。[38]あるいはまた、「教会のかしらとしてのキリストの中に霊感と力の源泉をもとめないかぎり、宣教する教会は存在し得ない。かりにその源泉を教会の政治や位階性、あるいは他のいかなる人間的権威や力に求めても、教会はついに滅びるほかはない。教会が神による、神ご自身の宣教を生き、そこで成長し、その実現を喜ぶことができるためには、イエス・キリストが至高の位置を占めなくてはならない」と述べている。[39]「神の宣教」(Missio

Dei）の理念は、現代のエキュメニカルな宣教思想にとって一つの重要なキー・ワードといえるが、この用語が初めて提起されたのは一九五二年にドイツのヴィリンゲンで開催された世界宣教会議においてであったことを思えば、「神の宣教」の理念に関するランバスの卓越した先駆的意義が見いだせるであろう。

(2) 宣教地の教会との関係

ランバスにおける宣教思想において、もう一つの重要な局面は宣教地の教会との関係である。ランバスにとって、宣教地における教会の問題は、すでに一九〇一年のニューオリンズ協議会での原則において基本的な考え方が提示され、またエディンバラ宣教会議でも、分科会「宣教地における教会」では副議長として論議を導き、リポートをまとめあげていることもあり、宣教思想に関わる重要課題であったといえる。

まず宣教師及び宣教局と宣教地における教会との関係について、ランバスは、宣教師たちや本国の宣教局が若い教会の自立的な考え方に当惑をおぼえ、現地教会の行政や形態が母教会のそれと異なる点に批判を下す傾向に対して、次のように反論している。すなわち、「もとよりキリスト教の本質にかかわる基本線は常に正しく伝えられねばならない。しかし、教会形成や教会員の育成に関して、たとえば西欧の型をそのまま東洋の教会に移すことは賢明であろうか、またそもそもわれわれにそのような権利があるのだろうか。現地の教会が外国化するということは『本国の不完全な教会の不完全な模倣』を生みだすことにならないか、西欧化を促すことは、若い教会の肩に重いくびきを負わせ、成長を止めるとは言えないまでも、彼らの自発性を押さえる結果となる。健全な現地人キリスト者が自分の信仰を証言し、自らの血をもってイエスの焼き印を押したのである。そして何千何万もの人々がこれら先達たちの隊列に加わろうとしている。それゆえ、キリスト教の保持と伝達という課題は、神の霊の啓導のもと、現地のキリスト者たちに委ねるべきである」[40]と、説得的な仕方で訴えているのである。このような宣教地における若い教会の在り方に対して、西欧化を促す方向ではなく、現地のキリスト者の自発性を尊重し、委ねてゆくというランバスの宣教思想は、「その国の特質に最も適合した形でのキリスト教を発展させる」というニューオリンズ協議会においてランバス自身が提起した原則に即応した内容といえるであろう。

さらに、「宣教地には生命と力に満ちた教会が建てられている。それは現地に根を下ろした、いわば土着の教会であり、からし種のように、小さな芽が成長し、今では大きな枝をはっている。古い宣教地の教会では次第に自覚が深まり、さまざまな自己表現を生み出している。信仰の種がまかれ、栽培され、すでに百年以上の時が経過した当然かつ理由のある結果と言えよう。力量のある現地のリーダーが育成され、キリスト教が次第に土着し、賛美歌や祈りも自国語で創作されている。したがってこれらの宣教におけるキリスト教は豊かに結実し、たとえ宣教師団が撤退してももはや根こそぎにされることはない」[41]と語られる。そこには、ニューオリンズ協議会の原則からさらに展開して、宣教地の教会におけるキリスト教信仰の独自の自己表現として、例えば礼拝における自国語による賛美歌や祈りなどが創作されてきている状況、いわゆる土着化の方向性をランバスが積極的に評価していることは重要な点であろう。そこには、かつて提起した宣教の原則が一層深められ、豊かに展開しているランバスの宣教思想の発展過程が明瞭に窺えるのである。

さらに付け加えれば、西欧化の教会の在り方を宣教地の教会に適応しようとする考え方がまだ多くを占めていた当時の状況の中で、このような宣教思想が展開された背景には、他者のニードに深く共感し、自己同化しようとするランバスの傑出した賜物があったと指摘できるであろう。その点に関連して、「勇気ある愛の力とその働きを正しく測り得るものは、人間と神の愛の深みをほかにしてない。『彼は、また群衆が飼い主のいない羊のように弱り果て、打ちひしがれているのを見て、深く憐れまれた』（マタイ九・三六以下参照）それは自分を捨てた別の観点からものごとを見、感得する才能であり、まさしく自己をひとたび他者の位置においてみる力の賜物である。

それだけでなく、これは他者の実態（ニーズ）、欲求、希望、怖れ、苦悩そして他者の生そのものとの自己同化（identification）を意味する」[42]と述べられているのである。

他者と深く共感するランバスの賜物は、宣教師の息子として激動の中国に生まれ育ったということと無関係ではないと思われるが、その点は、例えば次のような宣教問題と関わる人権感覚として表現されている。

ところで今日、われわれが直面している人種問題は、世界史を通してかつてない程尖鋭化している。すなわち、急激な人口の増加、商業、経済機構の拡大、民族主義の台頭などが競合と紛争を惹起し、何らかの再調整を必要としている一方で、弱者の立場や彼らの権利を知ることを妨げているという事情がある。それゆえわれわれは、今こそキリストの世界主義の精神と理念を帯し、兄弟の愛と交わりを実践し、神の国が人種や民族の境界線をこえてすべてのものに神の賜物を自由に分かち与える約束であることを人びとが正しく認識するに到るよう助力し、促さなくてはならない。[43]

このような宣教地の状況に対する、シャープな人権感覚に根ざした認識は、当時の欧米の宣教状況の中では際立っていたといえるが、同時に時代的な限界も内包していたといえるであろう。それは、草創期のエキュメニカル運動がもっていた問題点と限界でもあり、宣教師を派遣する欧米の古い教会（Older Church）と宣教地の若い教会（Younger Church）との関係をめぐる問題にほかならない。確かに、例えば日本メソヂスト教会の成立にみられるように、宣教地の教会において宣教師もその年会に所属し、そこで任命を受けるという点では、比較的対等な関係が示されているであろう。しかしながら、より大きな枠組みである古い教会と若い教会との間に対等な関係が築かれているかといえば、そこには依然として宣教する側と宣教される側という関係があり、ランバスの宣教活動と宣教思想もこの関係を前提としているのである。このような両者の関係が対等なものになるまでには、エキュメニカルな宣教運動の軌跡の中では、エルサレム宣教会議（一九二八年）やタンバラム宣教会議（一九三八年）を経て、さらに戦後の世界教会協議会（WCC）の第三回ニューデリー総会（一九六一年）をまたなければならないのである。

結び

以上、草創期のエキュメニカル運動におけるW・R・ランバスの宣教活動とその宣教思想について考察してきたが、これまでの考察を要約しておきたい。まず1「草創期のエキュメニカル運動」では、一九世紀後半から一九二〇年代までの期間における、先駆的運動の諸潮流、世界宣教会議、「生活と実践」世界会議、「信仰と職制世界会議」の概要について叙述した。この時期は、ちょうどランバスの生涯全体と重なり合う時期である。また、2「W・R・ランバスの医療宣教の働き」では、上海と蘇州における宣教の働き、北京における宣教の働き、著書『医療宣教――二重の任務』、エキュメニカル運動における医療宣教について考察した。わけても、『医療宣教』の意義をエキュメニカルの軌跡の中で検証した。

さらに、3「エキュメニカル運動への参与と貢献」では、北米海外宣教協議会への参与、海外宣教のエキュメニカルな原則、エディンバラ世界宣教会議での貢献をめぐって考察した。特に、ニューオリンズ協議会においてランバスが提起した海外宣教の原則のエキュメニカルな画期的意義について、エディンバラ宣教会議における論議の中で位置づけて評価した。そして最後に、4「ランバスにおけるエキュメニカルな宣教思想」では、宣教地における一致と協力、宣教地の教会との関係をめぐって考察した。中でも、神の宣教（Missio Dei）の理念や宣教地における信仰表現の土着化の推進など、その宣教思想の内実が草創期のエキュメニカル運動において卓越したものであることを積極的に評価すると同時に、エキュメニカル運動の草創期という時代的な枠組み故の、ランバスの宣教の実践と思想における限界性にも言及した。

今日、関西学院のグローバルな使命と課題について共に考えることが求められている中、草創期のエキュメニカル運動における創立者ランバスの医療宣教の実践と宣教思想の意義について考察した本章が、そのささやかな一助となれば幸いである。

[注]

（1）R.Rouse/S.C.Neil(ed.), A History of the Ecumenical Movement 1517-1948, WCC-Geneva 1986（vers.2）を参照。
（2）World Missionary Conference 1910, Edinburgh, 1910 を参照。
（3）W. A. Visser, t Hooft, Memoirs, WCC-Geneva 1983, p. 25.
（4）拙稿「草創期の現代エキュメニカル運動」『神学研究』三十七号、一九九〇年、二三一八頁。
（5）拙著『現代の聖餐論』日本キリスト教団出版局、一九九七年、四三頁。
（6）拙稿「ウォルター・R・ランバスの瀬戸内伝道圏構想」『関西学院史紀要』第一一号、二〇〇五年三月を参照。
（7）拙稿「中国におけるW・R・ランバス宣教師の足跡を求めて」『関西学院史紀要』第十三号、二〇〇七年三月を参照。
（8）吉田寅『中国プロテスタント伝道史研究』汲古書院、一九九七年、二五七頁。
（9）木下隆雄「親日と愛国――『尹致昊日記』抄（21）」『現代コリア』第四六四号、二〇〇六年九月号、七〇頁。
（10）William.W.Pinson, Walter Russell Lambuth. Prophet and Pioneer, Nashville 1924.（ウィリアム・W・ピンソン『ウォルター・ラッセル・ランバス』半田一吉訳、関西学院大学出版会、二〇〇四年、六七頁）。

(11) 同書、七八頁。
(12) W. R. Lambuth, Winning the World for Christ-A Study in Dynamics, Nashvill-New York 1915.（ウォルター・R・ランバス『キリストに従う道――ミッションの動態』山内一郎訳、関西学院大学出版会、二〇〇四年、三二頁）。
(13) ピンソン、前掲書、八四―八五頁。
(14) 一八八五年度の「北京メソヂスト医院」のリポートは、W・R・ランバスが執筆している（Sixty-Eighth Annual Report of Missionary Society of the Methodist Episcopal Church, New York 1887, p. 95）。
(15) W. R. Lambuth, Medical Missions: The twofold Task, New York 1920.
(16) Ibid., p. 53.
(17) Ibid., p. 55.
(18) ピンソン、前掲書、七三頁。
(19) World Missionary Conference, 1910 The History and Records of the Conference, p. 113.
(20) 世界教会協議会『和解と癒し――21世紀における世界の伝道・宣教論』神田健次監修、加藤誠訳、キリスト新聞社、二〇一〇年を参照。
(21) ピンソン、前掲書、一二二頁。
(22) 同書、一二三頁。
(23) Ecumenical Missionary Conference New York 100. Report of the Ecumenical Conference on Foreign Missions Vol I, II, New York 1900.
(24) ピンソン、前掲書、一三四頁。
(25) 沢田泰紳『日本メソヂスト教会史研究』日本キリスト教団出版局、二〇〇六年、六八頁。
(26) 『関西学院百年史　通史編Ⅰ』関西学院、一九九七年、二三一―二三二頁。
(27) 拙稿「草創期の現代エキュメニカル運動」二二八頁。
(28) ピンソン、前掲書、一九三頁。
(29) World Missionary Conference 1910 Report of Commission II The Church in the Mission Field, Edinburgh 1910, p. 267.
(30) Ibid., p. 267.

(31) Ibid., p. 268.
(32) Ibid., p. 359.
(33) Ibid., p. 340.
(34) ウォルター・R・ランバス『キリストに従う道——ミッションの動態』八頁。
(35) 同書、八一頁。
(36) 同書、一七六頁。
(37) 同書、一七六—一七七頁。
(38) 同書、八—九頁。
(39) 同書、一六四頁。
(40) 同書、一七六頁。
(42) 同書、一一五頁。
(43) 同書、三四頁。

COLUMN

銀座四丁目の「ウェンライト記念ホール」

東京の銀座四丁目に、キリスト教の出版事業を先駆的に展開してきた教文館があります。その教文館の九階に、「ウェンライト記念ホール」（Wainright Memorial Hall）があり、その入口に彫刻家の掛井五郎氏のウェンライト像が飾られ、その下に「教文館の中興の祖」と刻まれています。二〇一四年、NHKの朝のドラマで話題の「花子とアン」のモデル村岡花子さんが、銀座で出版関係の仕事をしていた時の日本基督教興文協会（後の教文館）の総主事こそ、関西学院と関わりの深いウェンライト先生にほかありません。

教文館９階のウェンライト像

S・H・ウェンライト（一八六三年四月一五日―一九五〇年一二月七日）先生は、アメリカのイリノイ州コロンバスに生まれ、一八八八年、南メソヂスト監督教会から九州の大分に宣教師として派遣され、大分中学校で英語教師として働き始めました。大分で特筆すべき出来事は、一八八九年一二月三一日、大分講義所でW・R・ランバス先生、吉岡美国先生などを招いて祈祷会を開いていた時、彼らは不思議な霊的な力にみたされ、いわゆる大分リバイバルと呼ばれる出来事が起こりました。ここに大分バンドと呼ばれる若きキリスト者の群れが形成され、そこから後の日本メソヂスト教会監督となった釘宮辰生氏も輩出されました。

一八九一年W・R・ランバス先生がアメリカに帰国し、同年九月にはN・W・アトレー先生も関西学院普通学部長を退任した後、ウェンライト先生が学院に迎えられ、一九〇六年まで普通学部長として働かれ、その間、神学部教授及び学院の礼拝主事も兼任しています。学院で重責を負われる中で、学生ひとりひとりを心から愛して人格的影響を与え、この中から後の政治家の永井柳太郎氏、作曲家の山田耕筰氏、童話作家の久留島武彦氏などが育てられました。現在の中学部のチャペルには、創立者ランバス先生と共にウェンライト先生の肖像画が掲げられているのは、その働きを物語っています。

その他、記憶に留めるべきウェンライト先生の貢献として、一つは、キリスト教的人格形成を目指す関西学院、高等学部の設立は急務であると主張し、米国の教会で五万ドルの募金を成し遂げ、一九〇四年に新しい高等学部が関西学院に創立されたことです。しかしながら、その三年後には財政的な困難から学生の募集を停止せざるをえませんでした。もう一つの貢献は、学院の礼拝堂を建築のために、帰米中にJ・P・ブランチ氏をランバス先生と共に訪ねて、資金の寄附を受けて、レンガ造りの見事な礼拝堂を原田の森に建築したことです。この礼拝堂は、「ブランチ・メモリアル・チャペル」と呼ばれ、原田の森時代の学院のシンボル的存在としてその役割を果たしました

関西学院時代のウェンライト夫妻

が、現在は、「関西学院発祥の地」の記念碑的建物として保存され、神戸文学館として使用されています。

ウェンライト先生は、その後、アメリカに帰国し、セントルイス教会での牧会を行いましたが、後に再来日し、前述のように、日本基督教興文協会、教文館の発展に尽くし、一九一二年から晩年までその総主事の地位にありました。

一九三〇年、ウェンライト先生の在日四〇年記念祝賀会が東京ＹＭＣＡで開かれましたが、かつて普通学部時代の教え子であり、時の外務政務次官永井柳太郎氏は、次のようなウェンライト先生に感謝の言葉を述べています。

　博士の熱烈なる信仰の賜とも言うべき、その大なる人格と、その深遠なる学識とは、幸にして博士と個人的接触を保つことを得た青年等に、強き感化を及ぼし、これを動かし、これを鼓舞しないではおかなかったのであります。博士の指導は、常にその親切、忍耐をもって動かされていたものでありますがゆえに、博士を知る青年等は常に彼を父の如く見上げるようにさせられたのであります。

東京の銀座に立ち寄られる折には、一度、教文館九階のウェンライト記念ホールを訪れ、ウェンライト先生の足跡を心に刻まれてはいかがでしょうか。

第II部

関西学院の鉱脈

第1章

キリスト教学校教育同盟と関西学院
ベーツ院長の関わりを中心として

キリスト教学校教育同盟は、日本のプロテスタント系のキリスト教主義学校九八の学校法人によって組織されている団体である。一九一〇年に創設されて以降、二〇一〇年の一一月に一〇〇周年を迎え、『キリスト教学校教育同盟百年史年表』が刊行され、そして、二〇一二年の六月には『キリスト教学校教育同盟百年史通史編』と『資料編』が刊行される運びとなった。編纂委員会には、学院からは顧問として山内一郎名誉教授が、また編纂委員として筆者が依嘱を受けて関わってきた。筆者は、キリスト教学校教育同盟の結成（第一部第一章）、そして教育同盟より一九三九年に出版された『聖書教科書』全五巻の内容的分析（第二部第二章）、及び一九五九年に出版された『聖書教科書』全七巻の内容的分析（第四部第二章）の項目を執筆担当した。

共同の編纂事業に関わることを通して、改めて教育同盟及び関西学院を含むキリスト教主義学校の歴史を回顧するよき機会となった。特に、教育同盟創設以降、関西学院が一貫して重要な役割と貢献を果たしてきたことが明らかにされた。例えば、戦前だけでも第三回総会（一九一二年）、第九回総会（一九一九年）、第一三回総会（一九二四年）、第二二回総会（一九三三年）、そして第二七回総会（一九三九年）と五回の総会の開催校となり、また、執行部や諸委員会において多様な指導的役割を担ってきている。にも拘わらず、例えば『関西学院百年史』には教育同盟との関係がほとんど言及されていない点も明らかとなった。ここでは、戦前における学院と教育同盟との関係、とりわけベーツ先生の関わりを中心に述べてみたい。

1　ベーツ会長の「開会ノ演説」（一九二五年）

教育同盟におけるベーツ先生の貢献についてはいくつか重要な貢献があげられるが、まず特筆すべきことは、一九二五（大正一四）年に開催された第一四回総会において院長として出席し、教育同盟の会長に選出されたことである。そして、その総会の冒頭で、会長として「開會ノ演説」（『第十四回總会記録』一八―二〇頁）を行っている。

この演説において、ベーツ先生が強調している第一の点は、キリスト教主義学校の使命についてである。激動する国内外の時代状況の中で、ベーツ先生は、キリスト教主義学校における日本人と外国人との共同の働きに言及し、キリスト教主義の教育者としての使命について、「我々基督教主義ノ学校トシテ特殊ノ使命ハ此所ニアルト信ズルノデアリマス。此信仰ヲ分チ、此経験ヲ伝へ、此見解ヲ生徒ニ与ヘテ十分ニ心ノ中ニ神ノ国ヲ蔵スル新国民ヲ生ゼシメ神ヲ知リ、人類相互ニ対スル信頼ノ念強キ男女ヲ造ル、是ガ我々基督教主義ノ教育者トシテノ使命デアリマス」と力説している。第二に注目したいのは、教育同盟の国際的な連帯の必要性を強く呼びかけている点である。具体的には、「私ハコノ基督教教育同盟会ガ世界教育連盟ノ一員トナリ、七月ニエディンバラデ開カレル大会ニ、代表者ヲ任命シテ送ル事ヲ提議スルノデアリマス。私ハ本同盟ハ総テノカクノ如キ国際的ノ教育上ノ集会ニハ代表者ヲ送ルベキデアル」と、世界教育連盟に加盟し、その大会に代表者を送ることを提言している。ここには、キリスト教主義学校の教育内容の協議にとって国際的な連帯と視野が不可欠であるというベーツ先生の認識が、強く反映しているといえるであろう。

第三に注目したいのは、世界平和の理念を鮮明に表明している点である。特に、一九二五年から全国の中学校から大学にいたるまで正課として軍事教練が実施されるという事態に直面し、ベーツ先生は、「基督教主義ノ男子学校デ当面ノ解決スベキ重大問題」と述べている。そして、この困難な問題に対して、一面法律を守る大切さを強調しつつも、他面キリスト教主義学校として、「軍国主義ニ対シテ断乎トシテ反対スルモノデアリマス」と述べている。そして、「世界ノ平和、戦争ノ無イ世界トイフ理想ハ是ヲ実現スルニハ長イ年月ヲ要スルモノデアルニシテモ是ヲ希望シ、祈リ、常に其実現ニ努力シツヅケネバナラナイ」と述べ、その旨を決議することを呼びかけている。第四に、キリスト教主義学校の課題として、「一ツハ小學校ガ足リナイ事デ、モ一ツハ専門學校程度ノ方面デ理科ガ欠ケテ居ル事デアルト思ヒマス」と、初等教育が大きく不足している事と理科系の設置の必要性に言及しているのである。当時、キリスト教主義の小学校は四三校であったが、一貫教育の視点からすればまだまだ不足している状況であり、また理科系の専門学校も存在していなかった現状が窺える。特に後者の場合、キリスト教主義学校において「宗教ト科學トハ共ニ手ヲ携ヘテ進」む必要性があるという、強い認識があったといえる。

1924–25 年頃の C. J. L. ベーツ

この演説において、ベーツ先生は、総会における審議事項として、世界教育連盟に同盟から代表者を送る件と、軍事教育の中止を要求する件の二つの事項を決議することを提議しているが、総会では、前者についは常務委員会に付託すると前向きに審議されている。後者については議題となることはなかったが、開会演説において、世界平和の理念を掲げつつ、軍国主義へと向かう時代的動向に対して警鐘を鳴らした意義は決して小さくはないであろう。

2 「基督教主義教育の原理」（一九三三年）

教育同盟におけるベーツ先生のもう一つ特筆すべき貢献は、「基督教主義教育の原理」を提言したことである。これまでこの文章は、いつどこで、そして何のために書かれたか不明であり、大学昇格問題がクローズアップされていた一九二〇年代前半に学内向けに書かれたものと推察されていた。しかし、今回の編纂過程で明らかとなったことは、このベーツ先生の文章は、学内に向けて書かれた文章ではなく、教育同盟において一つの重要な問題提起となった文章であることであった。すなわち、第二二回総会（一九三三年）においてベーツ先生は、各学校におけるキリスト教主義教育の意識を明確にし、対内的および対外的に表明する趣旨で、「基督教主義教育宣言」作成を提案し、そして、翌年の第七回同盟の夏期学校において、「基督教々育原理の宣言」として提示したのが、この「基督教主義教育の原理」に他ならない（『建学の精神考第二集　キリスト教主義教育の検討』一―四頁）。

「原理」の冒頭で、ベーツ先生は、「基督教主義学校に於て実施されている教育に対する我等の観念を明確にし、信念を強固にすべき秋が到来した」と述べている。そして第一の原理として、「教育と宗教との必然的関係である。人性は単に物的許りでなく、同時に又道徳的並に霊的である。従って人性の初めの様相のみを目的とする教育は不充分である」と、教育と宗教の不可分的関係について強調している。第二の原理として、キリスト教的な新社会の秩序を創造する目的を達するために、個々の男女が新たに生れ、彼等が「キリストに於て示されている新生活に入る事が必要である」と、教育の個人的、共同的側面が描写されている。さらに第三の原理は、「社會理想である」とし、「基督教は、この世には何らかの間違ひがある、この世は改良され、其自体から救はれねばならない、と言ふ事を確信しており、又従来常に然く確信して来たので」、今や世界が改良を必要としているという事を明確に意識し、「われ等の経済問題を道徳的、人格的、基督教的見解より考察する事が必要である」と叙述している。

第四の原理として、「基督教と日本精神との関係は、われ等の直面しなければならない、最も重要な問題の一つである」と指摘し、イエスが「カイザルの物はカイザルに、神のものは神に納めよ」と語っているように、「われ等は國家に或義務を負ふてゐる」と述べる。そして第五の原理として、国際主義の精神があげられ、「国際主義に関しては基督教は世界的宗教である。其れは宛も太陽の如くに眞実に凡ての人に属してゐる。太陽は事実は常に日々に新たに凡ての土地と民族の上に昇るのであるけれども表見的には東に昇り西に沈むのである」と叙述される。そして最後に、「若も凡て人々が先ず神の意志を知らんと求め、次にその意志を実行する方法を求むるならば、個人的、家庭的、社會的、経済的、國家的及び国際的諸問題は遙に容易に解決されるであらうと信ずる」と結んでいる。

ベーツ先生の「基督教主義教育の原理」は、教育同盟の論議では、東北学院のシュネーダー氏の案と併せて検討され、最終的には、キリスト教主義教育の目的や根本原理を示す文書「基督教主義教育の要旨」としてまとめられ、第二四回総会（一九三五年）において決議されている。作成から決議に至るまでの時期は、それまでの教育勅語に基づく教育体制に学校教練が加わることで、キリスト主義学校におけるキリスト教主義教育の実施が困難となった時期であっただけに、ベーツ先生の問題提起と貢献は大きな意義をもっていたといえるであろう。

COLUMN

東京と山梨におけるベーツ先生

今年（二〇一二年）は、高等学部商科が開設されて一〇〇周年にあたります。また初代高等学部長就任されたC・J・L・ベーツ先生が「マスタリー・フォア・サービス」を提唱して一〇〇年を迎えています。学院は、米国南メソヂスト監督教会のW・R・ランバス先生によって一八八九年に創立されましたが、その後一九一〇年に、カナダ・メソヂスト教会が学院の合同経営に参与することによって飛躍的な発展を遂げることになり、その中心的な役割を担われたのがベーツ先生でした。カナダ・メソヂスト教会の宣教師としてベーツ先生が来日したのは一九〇二年であり、学院就任までは主に東京と山梨を中心として宣教活動を担っておられました。

カナダ・メソヂスト教会は、一八七三年以降東京、静岡、山梨、長野などを中心に宣教活動を展開していました。東京の拠点は、本郷にある日本メソヂスト教会の中央会堂であり、ベーツ先生が最初に就任したのはこの中央会堂でした。その当時を回顧して、ベーツ先生は、「私達夫妻が日本に来たのは一九〇二（明治三五）年の秋であった。そしてその時受けた任命は中央会堂であった。……私達は当時の嗣業を受けた歓びと同時に大いなる機会に対する責任の感を持った。私達は都内の内に脈打つ知識的精神的生命の鼓動を聴く感を抱かされていた。……私は中央会堂宣

若い頃のC. J. L. ベーツ先生

教師として過ごした六年の生活に対し神に感謝する。私は常に信じた、中央会堂は明日の日本、永遠不滅の日本の知識的指導者たるべき青年に福音を伝ふる比ひ無き意義と機会に恵まれている場所である」（『日本メソヂスト教会中公会堂　五十年史』一九四〇年）と述べています。

さらに一九〇八年からは、ベーツ先生は山梨に移り、甲府教会を中心に宣教活動を担っています。その当時の模様について、「宣教師ベーツ氏は毎週日曜日の朝は甲府教会の英語聖書研究会に出席して聖書の講義をなし午後は日曜学校長として其任務を尽さる。其他市川、日下部、の各所に出張して英語聖書研究の為めに力を尽くされ時々各所の講壇にて演説説教なし」（『日本メソヂスト教会年会第二回東部記録』一九〇九年）と記されています。

明治32年改築当時の中央会堂

一九一〇年にベーツ先生が学院に就任されて以降、高等学部長、第四代院長、初代学長と重責を負っていかれますが、その過程で、東京と山梨時代に培われた人的ネットワークが多様なかたちで発揮され、学院に学術的、精神的貢献がもたらされたことは看過できないでしょう。例えば、東大新人会の河上丈太郎氏や松沢兼人氏などの優秀な社会科学者を教授として招聘し学院の学術的な水準をあげたこと、また学院最初の宗教主事として日下部教会より小野善太郎氏を招いたこと、あるいは中央会堂に通っていた視聴覚障がい者の熊谷鉄太郎氏が先駆的なかたちで神学部入学の道が拓かれたことなども、ベーツ先生の東京と山梨時代における直接的・間接的な人的ネットワークの賜物といえるのではないでしょうか。

第2章

民藝運動と関西学院

雑誌『工藝』を中心として

はじめに

この度、大学図書館が購入した雑誌『工藝』全一二〇巻は、これまで刊行された日本の雑誌の中では、最も貴重なものの一つと言われている。大学図書館が、この雑誌全一二〇巻を購入したことは、関西学院と民藝運動との歴史的に深い関係を鑑みて大変重要なことといえるであろう。筆者は、『関西学院百年史』の共同編纂との関わりの中で、関西学院と民藝運動との深い関わりに気づかされ、他方、日本におけるキリスト教受容との関連で、浅川巧、伯教、初期の柳宗悦、外村吉之介、渡辺禎雄などに着目し、ささやかな研究を積み重ねてきた。

本章では、最初に雑誌『工藝』の意義に言及し、また関西学院と関わりの深い柳宗悦、寿岳文章、外村吉之介などの民藝思想と実践について『工藝』を中心に考察したい。

1　雑誌『工藝』の意義

雑誌『工藝』は、一九三一年一月に創刊され、一九五一年一月に終刊を迎えているので、約二〇年間刊行されたことになる。『工藝』の意義について大きく二つあげられる。一つは日本民藝運動の機関誌としての役割を果たし、民藝運動を大きく推進してきた意義である。『工藝』が創刊される前年、その刊行趣旨が富本憲吉、河井寛次郎、濱田庄司、石丸重治、青山二郎、柳宗悦の連名で提示されている。刊行趣旨の起草者柳宗悦は、その中で、「長い間の懸案であった此雑誌が、刊行の機を得たに就いて、私達は此雑誌の特色を左に數へたい。第一に此雑誌は工藝の領域を主題としてゐる。私達の考へでは造形美の世界では、今日迄寧ろ下積みにされてゐた工藝が、今後は一番重要視されると思へるからである。ものが美しいと云ふ事と、工藝的であると云ふ事とには密接な関係が介在する。工藝性に触れずしては、美の問題を取り扱ふ事は出来ないと考へてゐる。まして社会意識の強まってきた今日、工藝問題は今後益々注意の焦点となるであらう。第二に私達は漫然と工藝を取り扱はうとするのではない。何が工藝中の本格なものであるかを吟味した結果、美からしても社会性からしても『民藝』が工藝の本流である事を解するに至ったのである。民藝とは民衆の日常生活に即する工藝を云ふのである。従って此雑誌は工藝中の民藝を主要な題材とするのである」（『柳宗悦全集』著作篇第二〇巻、筑摩書房、五七頁）と述べている。この刊行趣旨には、工藝を重視する意図と、その中でも「民衆の日常生活に即する工藝」としての「民藝」を主要な題材とする旨が明記されている。ここで、「民藝」という用語は柳の造語であるが、貴族的な工藝と対照的な民衆的な工藝を意図しているのである。

『工藝』創刊号において、柳宗悦は「民藝とは何か」という論考を掲載し、「工藝品とは実用品である。さし当

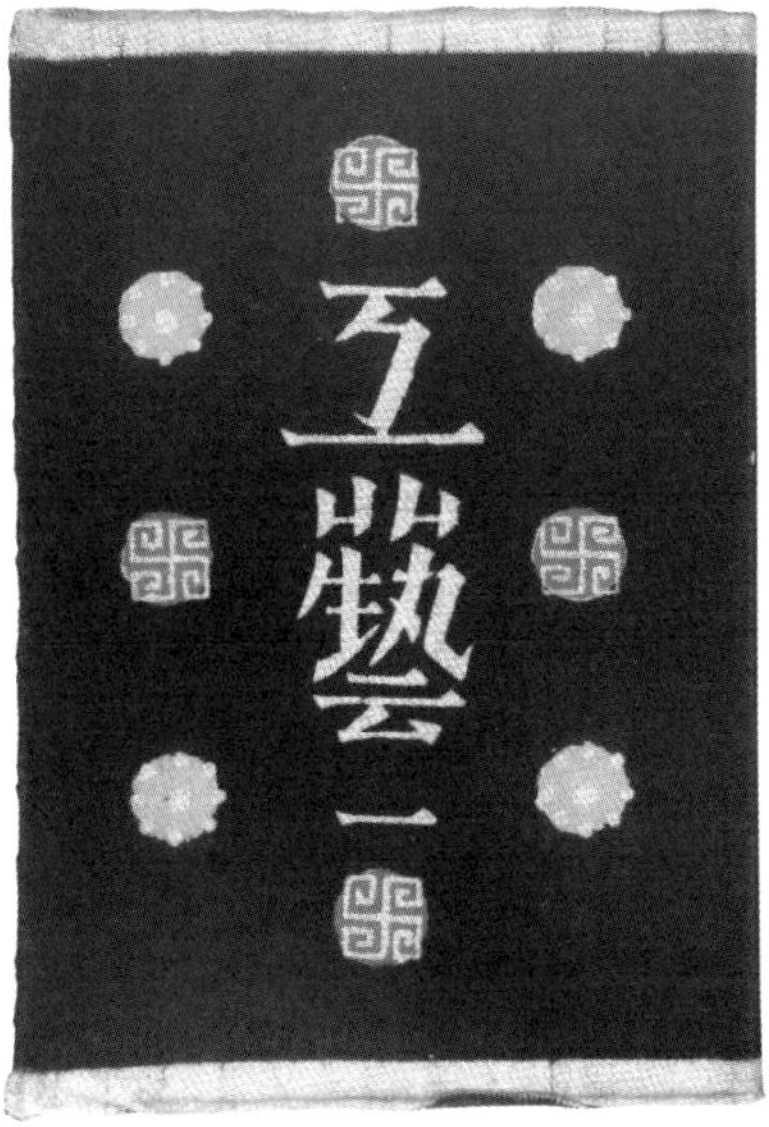

『工藝』創刊号　表紙

装幀：芹澤銈介（型染の布）

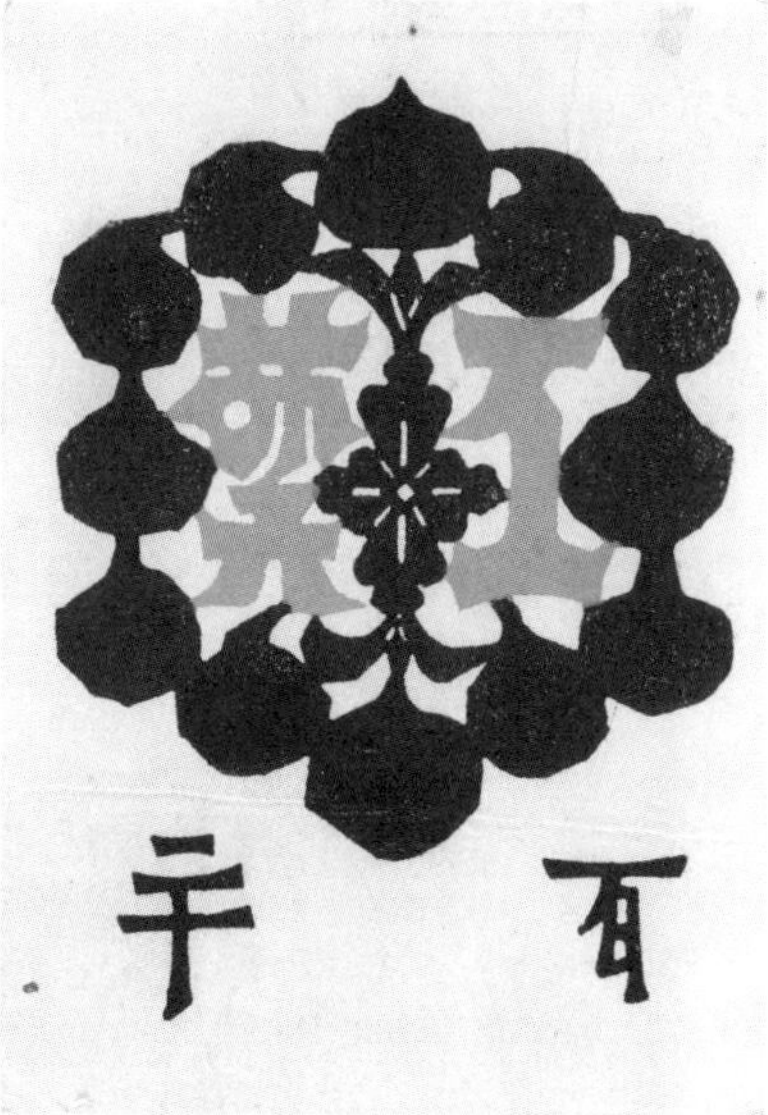

第 120 号（終刊号）表紙

表紙：鈴木繁男

棟方志功『工藝』第 101 号表紙

川上澄生『工藝』第 96 号表紙

り此の簡単な定義で充分である私達は此の内容から色々なものを導き出す事が出来る。工藝の概念には『用』と云ふ事が要である。用を離れて工藝はない。それなら物は用を去るにつれて工藝の意味を失ってくる。用への無視はやがて工藝への無視である。それ故こうも云へよう、用に近づけば近づく程工藝の意義を完ふしてくると。用に即する事が工藝の生命である」（『工藝』創刊号、三―四頁）と述べている。工藝の本質を、「用に即すること」と述べているが、それは「用美」の思想と呼べるもので、通常の美術の鑑賞美に対して、むしろ用いられることによって輝く「用美」に徹するところに生まれる美にほかならない。

一二〇号に及ぶ『工藝』の主題は、実に多種多様な広がりと展開を見せているが、まず全国各地の民藝の特集と

小間絵

棟方志功『工藝』第101号

富本憲吉『工藝』第2号

芹澤銈介『工藝』第70号

河井寛次郎『工藝』第10号

して、丹波布、こぎん、石州雲州和紙、苗代川窯、鳥取民藝、樺細工、大津絵などがあげられる。これら各地の民藝は、その特集を組まれることによって、新たな光が与えられた工藝といってよいであろう。あるいは、琉球の染織、紅型紙、陶器、またアイヌ民族の織物、木工品など、それまでほとんど正当に評価されることがなかった琉球とアイヌ民族の工藝が高く評価されている点は注目すべきである。さらに朝鮮の陶磁、石器、模様、木工品、陶画などの特集は、戦前の植民地的状況を思えば、画期的意義のある特集といえるであろう。また、芹澤銈介の型染、外村吉之介・柳悦孝の織物、棟方志功の版画、川上澄生の版画などは、民藝運動との関わりで台頭してきた作家の特集号である。

第二の『工藝』の意義は、この雑誌自体が工藝作品であるという点である。例えば、『工藝』の装幀について、柳は、「今迄も更紗の布表装はあったが、字と模様とを型染で全部染め出したのは之が抑も嚆矢と思ふ。吾々は之が日本の装幀の独創的な一様式として、発表する事を大に望んでゐる」（「編輯余録」『工藝』創刊号、五七頁）と、雑誌の先駆性を強調している。具体的には、芹澤銈介の型染布、吉田璋也による因州木綿に芹澤銈介意匠の題字の型押、石井恒による絣に題字は絣の織出・型染・型押、森永重治による安来織に河井寛次郎、柳宗悦、濱田庄司意匠の題字の型摺、外村吉之介、柳悦孝による遠州葛布に型摺の題字など、いずれも見事な装幀で飾られている。また『工藝』の用紙としては、因幡楮紙、雲州楮紙、越前鳥ノ子紙、野州烏山楮紙、武州小川楮紙、丹波東八田楮紙、越中八尾楮紙などの和紙が用いられている。さらに挿絵として、柳は小間絵を尊重し、富本憲吉、芹澤銈介、棟方志功、河井寛次郎、岡村吉右衛門、鈴木繁男などの作家たちに依嘱し、また沖縄紅型型紙、染物型紙、朝鮮模様などの工藝品の型や模様から採取して誌面を飾っているのである。

2　柳宗悦（一八八九―一九六一年）

日本民藝運動の創始者は、名実共に柳宗悦であるが、ここでは特に柳の初期の思想に焦点をあてたい。柳宗悦の初期の思想に重要な影響を与えたのは、キリスト教である。まず学習院時代の恩師であり、敬虔なキリスト者であった服部他之助との出会いとその影響があげられる。さらに多感な一〇代後半から二〇歳にかけて、明治期の日本のキリスト教界を代表する植村正久、海老名弾正、内村鑑三などの説教から影響を受けたことが指摘できる。とりわけ柳は内村鑑三に強く惹かれており、独創的な無教会運動を創出し、しかも非戦思想を展開する内村の生き方と思想から深い精神の衝撃を受けたに相違ない。

注目すべき事は、雑誌『白樺』同人の有島武郎や志賀直哉など、内村の集会に深く関わっている者も他にいたが、柳の場合に特徴的なのは、内村との関係を断つことがキリスト教との関わりの放棄を意味してはいなかったことである。他の同人と異なっている点は、その後も自分の生き方と思想の問題としてキリスト教により深く関わっている点であろう。同人雑誌『白樺』を一九一〇年に創刊して、柳が最初の本格的な論文「近世に於ける基督教神学の特色」（『全集』著作篇第一巻、一六七―一九三頁）を発表しているのは、まさにその点を証左している。この論文での近世におけるキリスト教神学とは近代の自由主義神学を指しているが、ここで獲得された柳の思想的立場こそ、その後に本格的に始まる宗教哲学的思索の基本的視点を用意するものであったといえる。すなわち、中世のエックハルトなどのキリスト教神秘思想を基礎として書かれた最初の宗教哲学的著作『宗教とその真理』（一九一九年）、また神の愛と人間の存在との関係や神の存在への理解及び宗教哲学の本質について鋭く深く洞察した『宗教の理解』（一九二二年）、そして神の救いとその愛の絶対性への帰依を表明した『神に就て』（一九二三年）といった一連の宗教哲学的著作（『全集』著作篇第一―三巻）は、その成果にほかならない。

ここで特に注目したい点は、このような静謐な宗教哲学的思索を深く掘り下げる作業と並行して、柳が、当時の日本の植民地支配によって苦悩する朝鮮の人々とその芸術に深く関わっているという点である。例えば、一九一九年の三一独立運動に対する日本政府の弾圧に対して、柳は、『読売新聞』に「朝鮮人を想ふ」と題して、苦難の中にある朝鮮の人々に共感をもって呼びかけている。また翌年には、雑誌『改造』に掲載された「朝鮮人の友に贈る」という書簡において、より深い反省を政府に要請する内容を非戦思想を展開しつつ語っている。さらに一九二二年には景福宮正門の光化門が、総督府によって取り壊しになろうとした際、「失はれんとする一朝鮮建築の為に」という文章を『改造』と『朝鮮日報』に発表し、ペンをもってその取り壊しを阻止したのである（『全集』著作篇第六巻）。

こうした柳宗悦の朝鮮の人々への共感とその文化に対する卓越した認識は、キリスト者の浅川伯教・巧兄弟との親密な交友関係の中で育まれてきたものといえる。わけても浅川巧の際立った貢献により、一九二四年に景福宮一角の緝敬堂において「朝鮮民族美術館」が創設された事は大きな意義ある出来事であった。この創設の意図について、柳は、「一国の人情を解さうとするなら、その藝術を訪ねるのが最もいゝと私は常に考へてゐる。日（本と朝）鮮の関係が迫つてきた今日、私はこの事を更に意識せざるを得ないでゐる。あの想ひに沈む美しい彌勒の像や、あの淋しげな線に流れてゐる高麗の磁器を見る者は、どうしてその民族に冷かでゐられよう。若しよくその藝術が理解せられたら、日本はいつも温い朝鮮の友となる事が出来るであらう。藝術はいつも国境を越

『神に就て』
『宗教とその真理』
『宗教の理解』

『回想の浅川兄弟』
高崎宗司・深沢美恵子・李尚珍編

右上：兄の浅川伯教
中　：壷を持つ弟の浅川巧
下　：ソウルの忘憂里にある浅川巧の墓地と伯教の意匠による白磁の壷をかたどった墓標

え、心の差別を越える。私は私の所有する作品を凡ての人々の所有にしたい。美に心が没する時、争ひの情がどこにあらう。私は今朝鮮の藝術を、もつと人々に近づけねばならぬ任務を感じてゐる」（『全集』著作篇第六巻、七九―八〇頁）と、述べている。日本の植民地支配下にあって、「朝鮮民族美術館」を創設した重要な意義は、独立した「民族」性を強調することにより、日本政府の植民地政策への批判を示唆している点であろう。

このような柳宗悦の宗教哲学的著作の刊行と、朝鮮の人々への共感と芸術への深い認識から生まれた朝鮮民族美術館の創設との深い関連において、日本民藝運動が産声をあげるのである。日本民藝運動の創始を奏でる『日本民藝美術館設立趣意書』は、一九二六年に、富本憲吉、河井寛次郎、濱田庄司との連名で公にされたものであり、この中で、初めて「民藝」という造語が提示されている。柳自身の起草による『趣意書』では、「時充ちて、志を同じくする者集り、茲に「日本民藝美術館」の設立を計る。自然から産みなされた健康な素朴な活々した美を求めるなら、民藝Folk Artの世界に来ねばならぬ。私達は長らく美の本流がそこを貫いてゐるのを見守って来た。併し不思議にも此世界は余りに日常の生活に交る為、却て普通なもの貧しいものとして、顧みを受けないでゐる。誰も今日迄その美を歴史に刻もうとは試みない。私達は埋もれたそれ等のものに対する私達の尽きない情愛を記念する為に茲に此美術館を建設する」（『全集』著作篇第一六巻、五頁）と、「日本民藝美術館」建設への情

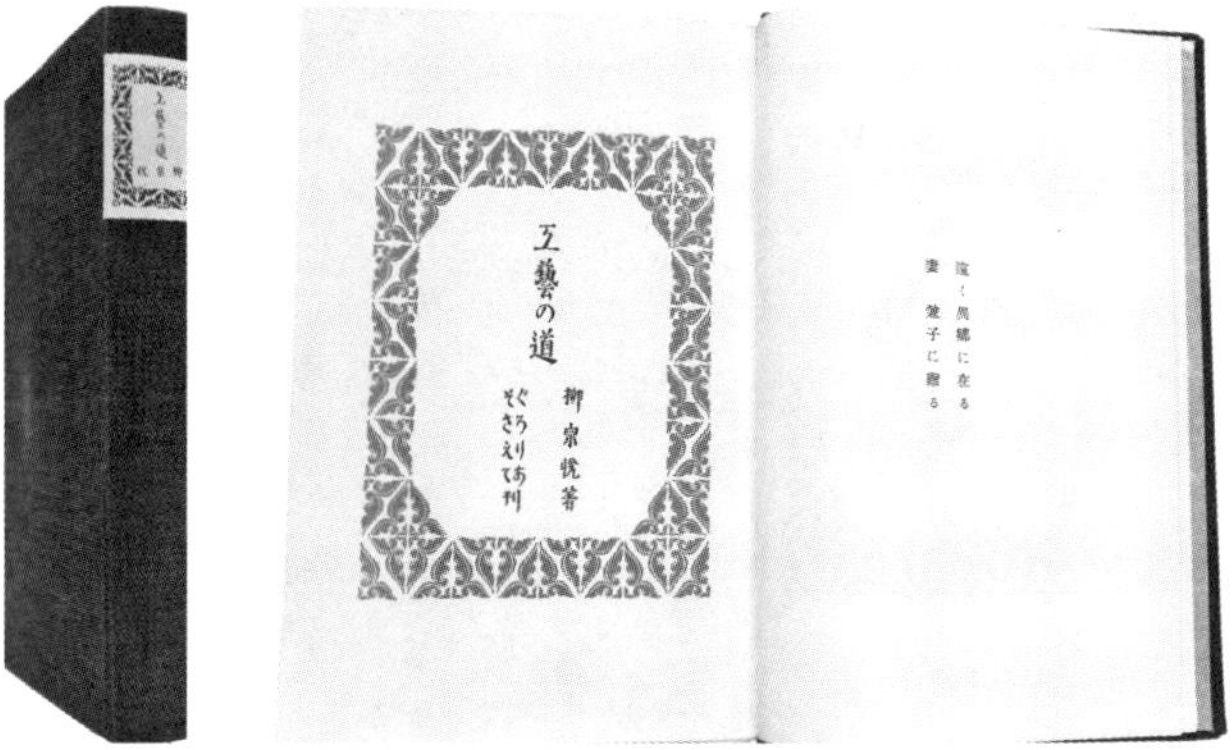

柳宗悦著『工藝の道』ぐろりあそさえて刊

熱が文面に織りこまれている。そして、この『趣意書』が起草された翌年の二七年二月、柳はその民藝美術館実現への第一歩として『工藝の協団に関する一提案』を著し、翌三月に京都で柳の理念に共鳴する青年達が集い、上加茂民藝協団を設立しているのである（『全集』著作篇第八巻、五六頁）。

　こうした一連の新たな民藝運動の創設にむけての具体的な尽力と平行して、柳は基礎的な理論構築に取り組み、一九二八年に『工藝の道』（ぐろりあそさえて）を刊行している。今日では古典的な名著と言われる『工藝の道』において、柳は民藝の領域のみならず、工藝全般にわたって工藝の美の本質を中心として理論的基礎を確立したといって過言ではない。工藝の美の最も重要な特徴は、それが美術における「鑑賞の美」ではなく、日常の生活において用いられていく「用の美」に他ならない。工藝における用と美の緊密な関係について、「美は用の現れである。用と美と結ばるもの、之が工藝である。工藝に於て用の法則は直ちに美の法則である。用を離れる限り、美は約束されておらぬ。正しく仕ふる器のみが、正しき美の持主である。帰依なくば宗教に生活がないのと同じである。奉仕に活きる志、之が心霊を救ふ道であるが如く、工藝をも救ふ道であると知らねばならぬ」（『工藝の道』三〇―三一頁）と、描写される。

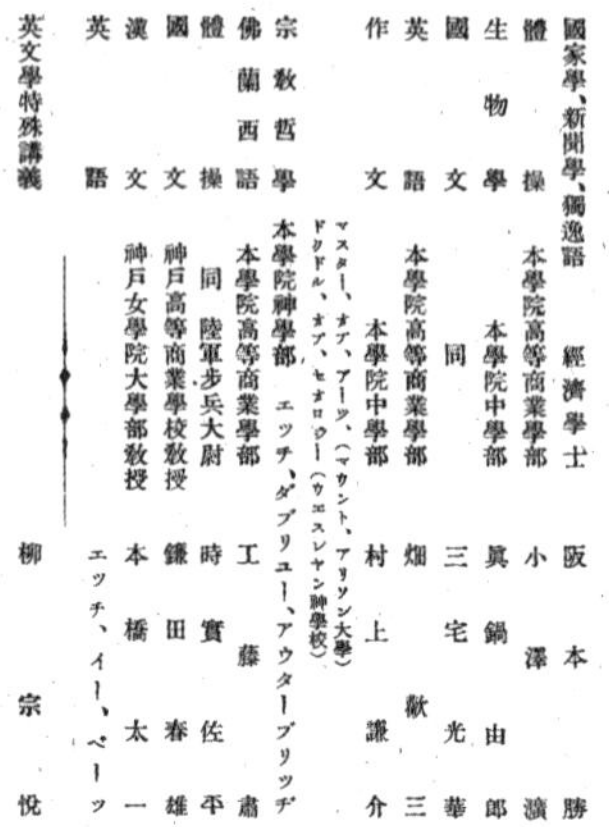

國家學、新聞學、獨逸語	經濟學士	阪本勝
體操	本學院高等商業學部	小澤濱
生物學	本學院中學部	眞鍋由郎
國文	同	三宅光華
英語	本學院高等商業學部	畑歡三
作文	本學院中學部	村上謙介
宗教哲學	本學院神學部　マスター、オブ、アーツ、（マカウント、アリソン大學）ドクドル、オブ、セオロヴー（ウエスレヤン神學校）	エッチ、ダブリユー、アウターブリッヂ
佛蘭西語	本學院高等商業學部	工藤肅
體操	同　陸軍歩兵大尉	時實佐平
國文	神戸高等商業學校教授	鎌田春雄
漢文	神戸女學院大學部教授	本橋太一
英語		エッチ、イー、ベーツ
英文學特殊講義		柳宗悦

七

『私立関西学院文学部要覧』
1926（大正15）年9月

工藝の美の本質を民衆の日常生活において親しまれ、用いられることによって輝く美しさ、つまり「用の美」と捉えた工藝論のもう一つの重要な特色は、工藝のつくり手に関わる点にある。美術の個性美がひと握りの天才によって創造されるのに対して、工藝の美は無名の工人によってつくられる美と言われる。工藝の美が、選ばれた天才に委ねられた世界ではなく、名も知れぬ民衆の労作から生まれる美にほかならないとは、柳の卓越した炯眼である。しかもその無名の工人の手から生まれた美には、驚くべき美しさがあり、「工藝に於て、衆生は救ひの世界に入る。工藝の道を、美の宗教に於ける他力道と云ひ得ないであらうか」（『工藝の道』四〇頁）と述べている。ここでは、工藝の美が、美の宗教における他力道と語られ、工藝論が宗教論と一つに結びあい、工藝論が宗教論に基礎づけられている叙述がうかがえる。まさにこの柳の工藝論、民藝論が、キリスト教神秘思想に基づく宗教論に基礎づけられているといえるのである。

ところで、柳宗悦と関西学院との関わりは、一九二三年の関東大震災により翌年京都に移り住んだことが契機となっている。当時英文学の教授であった寿岳文章との関わりで、一九二六年から二九年まで関西学院英文学講師として講壇に立っている。英文学特殊講義を担当し、講義の内容としてブレイクやホイットマン等を講じたと推定できる。また、当時関西学院と青山学院の両神学部共同で刊行していた学術誌『神学評論』（一九一四—四一年）に、柳が「宗教の究竟性と科学」（一九二二年五月）及び「歴史と宗教」（一九二二年一〇月）と題する優れた宗教哲学的論考を寄稿している点も看過しえない。

八巻頴男
『聖フランチェスコの傳』

序文：柳宗悦

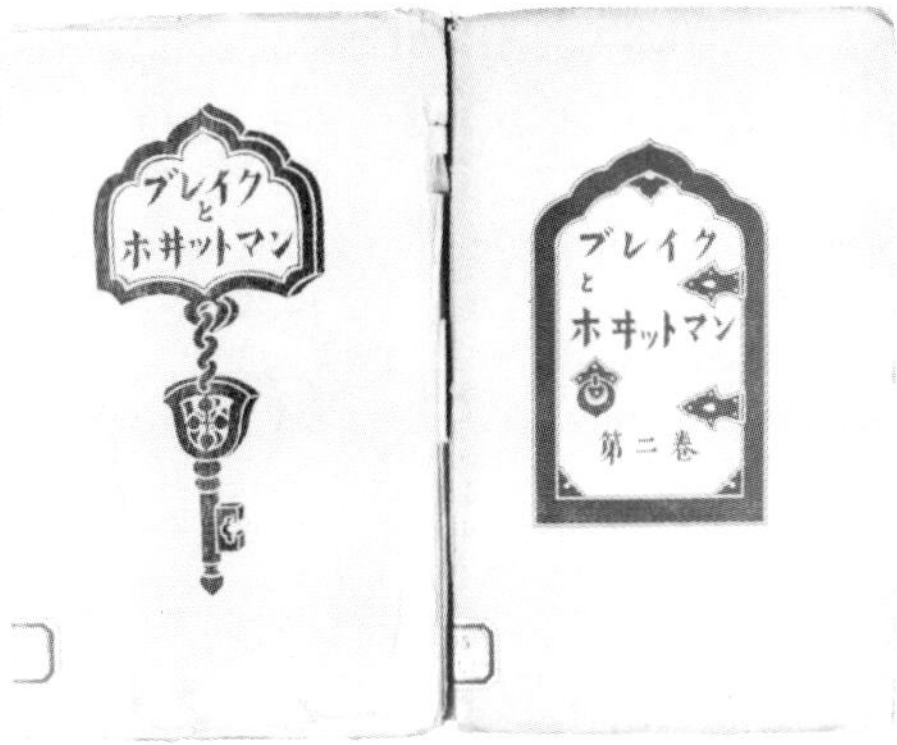

柳宗悦、寿岳文章共編
『ブレイクとホイットマン』

第一巻一号、第二巻一号

さらに、『月刊民藝』の「信仰と民藝」特集号（第三〇号、一九四一年九月）において、日本のキリスト教会と民藝協会から一五名出席して座談会が行われているが、そのうち関西学院出身の由木康、八巻頴男、外村吉之介の三名が出席していることは注目に値する。由木康は、文学部出身で日本の賛美歌の分野で指導的な役割を果たしてきた牧師で、著名なパスカル研究者でもある。また八巻頴《やまきてる》男《お》は、一九一三年に関西学院高等部文科に入学し、その後青山学院神学部卒業後、一九二一年に関西学院中学部の英語の教員を経験、後にフランシスコ友の会図書館長を歴任している。『神学評論』に「聖フランシスコ研究」を六回にわたって連載（一九二二—二四年）し、また『聖フランチェスコの傳』（警醒社書店、一九二五年）を翻訳した際には、柳宗悦が推薦文を書いているのである。八巻は、先述の「信仰と民藝」特集号に「宗教と工藝」（『月刊民藝』第三〇号、一九四一年九月）と題して、また『工藝』の「中世基督教芸術」特集号（第一〇九号、一九四二年六月）には「信仰・典礼・工藝」と題する論考を寄稿し、キリスト教の視点から民藝運動に貢献しているのである。

3　寿岳文章（一九〇〇―九二年）

関西学院で柳宗悦と最も深い交流をもっていたのは、寿岳文章である。寿岳の関西学院との関わりは、一九一九年に高等部の英文科の学生として入学した時に遡る。後年、ダンテの『神曲』全三巻の翻訳を完成し、大きな業績を残したが、そのダンテの『神曲』の『序』において、関西学院でブレイクを研究したことがダンテとの最初のつながりであった、と記している（寿岳文章訳『神曲』地獄篇、集英社、一九七四年、八頁）。また、『工藝』が創刊された同じ一九三一年には、柳宗悦と共編で雑誌『ブレイクとホイットマン』を創刊している。

寿岳は、一九三二年に関西学院大学専門部の法文学部講師として出講し、一九三四年には法文学部文学科英文学講師になり、一九四八年から新制大学文学部の英文科教授に就任している。また、戦後の学院復興のため尽力し、新制大学の文学部英文科の再生のために貢献し、中学部長も歴任している。寿岳の関西学院への貢献として記憶されなければならないことは、関西学院の校歌の一つ「A Song for Kwansei」との関わりである。この校歌は、英国の高名な詩人エドモンド・ブランデン作詞、山田耕筰作曲であるが、寿岳との関わりで作成されたものである。多くの校歌作成の依頼の中からブランデンは、東京女子大と関西学院の二校だけの校歌を作成している。一九四九年の創立

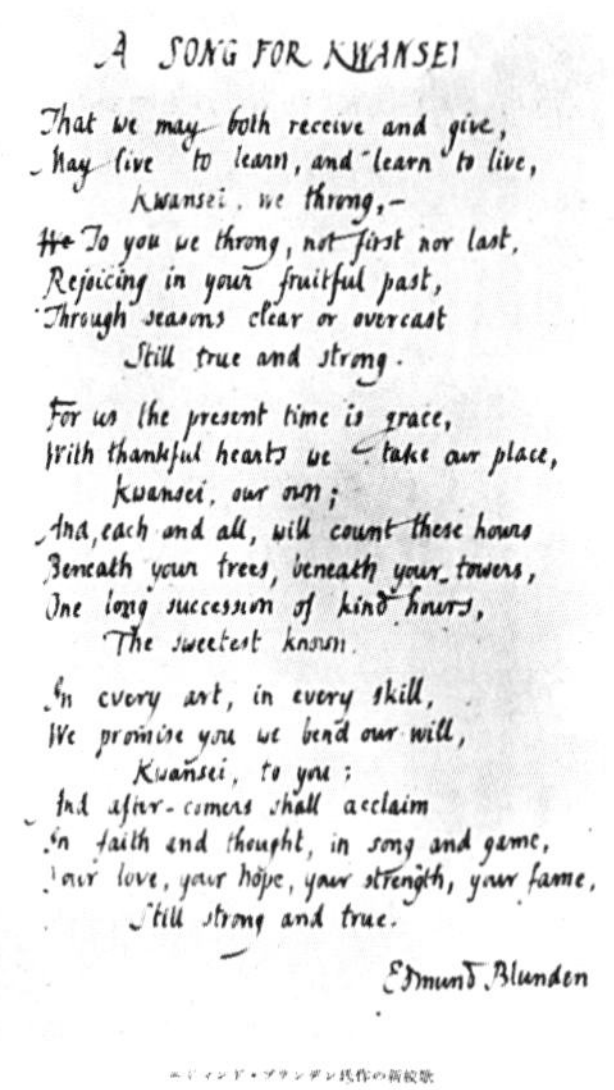
A SONG FOR KWANSEI

That we may both receive and give,
May live to learn, and learn to live,
Kwansei, we throng,—
To you we throng, not first nor last,
Rejoicing in your fruitful past,
Through seasons clear or overcast
Still true and strong.

For us the present time is grace,
With thankful hearts we take our place,
Kwansei, our own;
And, each and all, will count these hours
Beneath your trees, beneath your towers,
One long succession of kind hours,
The sweetest known.

In every art, in every skill,
We promise you we bend our will,
Kwansei, to you;
And after-comers shall acclaim
In faith and thought, in song and game,
Your love, your hope, your strength, your fame,
Still strong and true.

Edmund Blunden

エドマンド・ブランデン氏作の新校歌

「A Song for Kwansei」

『関西学院六十年史』1949 年

六〇周年記念にこの校歌は披露されているが、寿岳がブランデンに校歌作成を依頼することができた背景には、実は戦時下における秘話がある。戦時下、敵国として日本に滞在することが厳しかった英国人ジョン・ピルチャーを寿岳夫妻が親身に世話をしたことで、ピルチャーは、戦後英国大使として来日した折に京都の寿岳の家まで訪ねている。戦時下から一貫して変わらず和紙を作成しているその姿に感激して、詩人ブランデンを派遣することを約束したことによって、ブランデンによる関西学院の校歌作成が実現したのである。

民藝運動との関わりで、寿岳が柳宗悦を最も評価している点は、物を直に見る確かさと同時に、民藝運動の根幹に柳の明確な平和思想、非戦思想が貫流している点である。それは、物の蒐集において、日本刀などの武具に関わるものを集めないだけではない。戦前・戦時下における朝鮮や琉球の人々及び工藝に対する柳の共感の姿勢と深い洞察に、一貫した平和思想が貫流している点を寿岳は高く評価しているのである（『柳宗悦と共に』集英社、一九八〇年、二三〇―二三一頁）。

ところで、民藝運動における寿岳の貢献には、書物の工藝と和紙の研究の分野で特筆すべきものがある。まず書物の工藝をめぐって、寿岳は「装幀論」の中で次のように記している。

客。装幀を支配する原理は何か。
主。用と美だ。今も言った通、書物は手に取りあげられ、眼で読まれる。取りあげる手と見る眼とはすでに用と美との世界の住人である。書物の工藝性はここから出発する。
客。書物では用と美とどちらが大切か。
主。用が大切だ。美は他の工藝の場合に於ける如く、寧ろ用に内在し、用から顕現すると言ってもよいだらう。

（『工藝』第四四号、七頁）

書物の装幀論において、「用と美」の思想を展開しているのである。この書物の工藝との関連で、一つの模範的モデルとして英国におけるウィリアム・モリスの書物工藝論を翻訳紹介しているのが、ウィリアム・モリス（寿岳文章訳）「ケルムスコット・プレス設立の目的に付て」に他ならない（『工藝』第四四号、一五―二二頁）。

もう一つの貢献は、和紙の研究である。寿岳は、「和紙復興」という論考において、「旧来の和紙は、今私達をかこむ西洋紙の洪水に押し流されようとしてゐるが、品質の上から言へば、西洋紙と比較にもならぬほど立派なものである。すぐれた製紙材料にめぐまれてゐるわが国の風土は、おのづと優秀な紙を作りだした。日本の洋紙製造業者は、外国でも上質の印刷用紙には常に日本の手漉紙が用ゐられてゐると云ふ事実を知らないのか。国家外交の文書などでも、恒久の保存には日本の鳥の子が最も適当とされてゐる事実を知らないのか」（『工藝』第二八号、五四―五五頁）と、西洋紙との対比で和紙の品質の卓越性とその復興について力説している。

さらに、寿岳は、一九三七―四〇年に夫婦で有栖川宮記念学術奨学金で全国の紙漉村を訪ね、和紙の調査と研究を行っている。寿岳は、「漉場紀行（一）」の中で、「去年の七月、私は帝国学士院の推薦で高松宮家から有栖川宮奨学金をいただき、本邦に於ける手漉紙業の歴史地理的研究を行ふこととなった。研究の範囲は勿論文献的資料の検討にも亙るが、おもな仕事は現在手漉紙業の続けられゐる各地を歴訪して『今』の記録を取り、それを過去と結びつけるにある。横にひろがる地理的平面的研究と、縦を貫く歴史的立体的研究が交差する点に所期の結果が見出されるからである」（『工藝』第八七号、五一頁）と、書き記している。なお、この調査研究の成果は、『紙漉村旅日記』（明治書房、一九四五年）として公刊され、フィールドワークのモデルとも評されている優れた研究成果である。

戦後の民藝運動の歩みにおいて、寿岳は指導的役割を担ってきている。その中で特筆すべきは、日本工芸館理事長としての働きである。日本工芸館は、民藝協会大阪支部の運動拠点として一九五〇年に三宅忠一が大阪で建設し

『寿岳文章しづ著作集』5

「紙漉村旅日記」より寿岳文章・しづ

『工藝』第87号

挿絵「漉場紀行」漉場写真
和歌山県有田郡八幡村大字清水

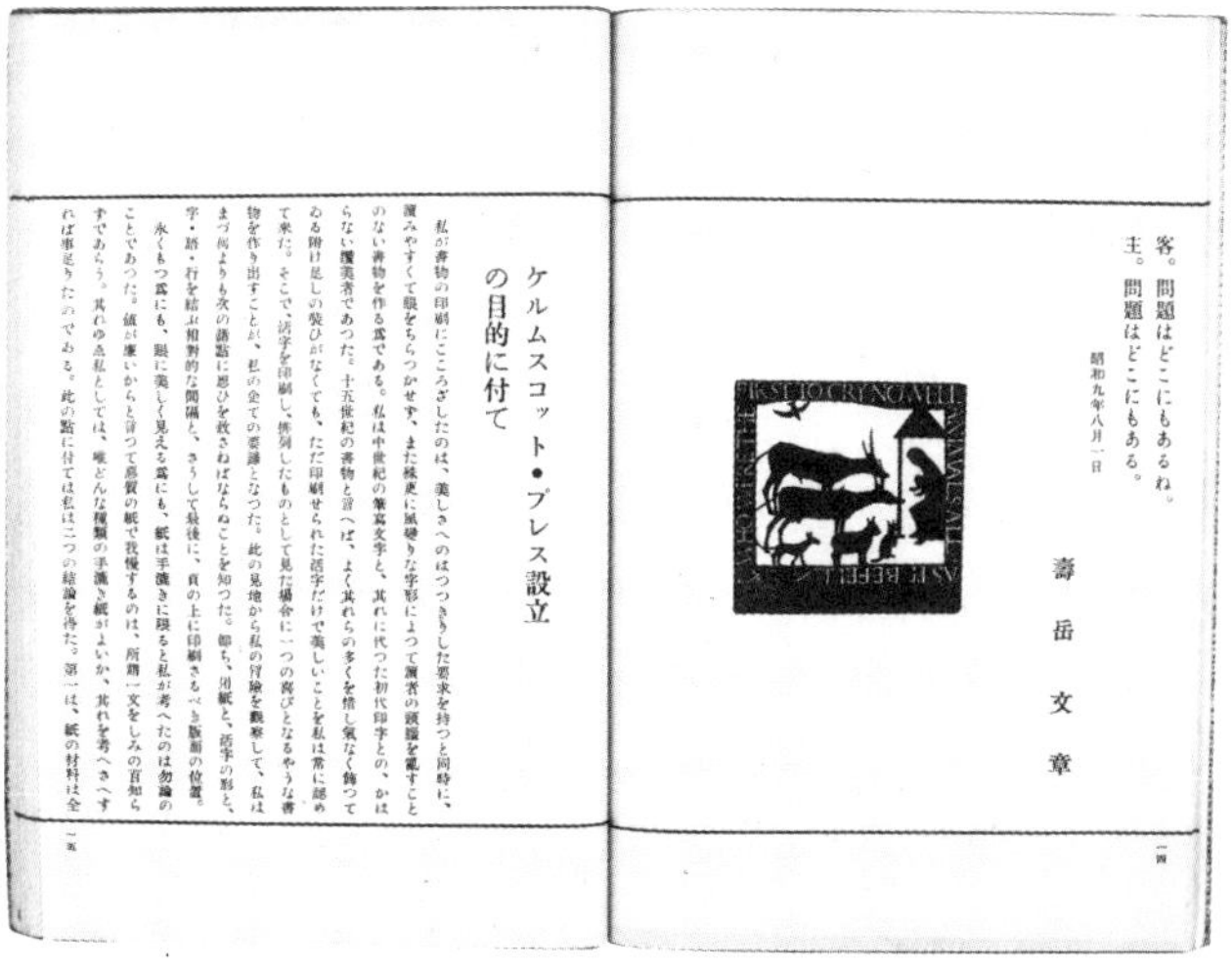

客。問題はどこにもあるね。
主。問題はどこにもある。

昭和九年八月一日

壽岳文章

一四

ケルムスコット・プレス設立の目的に付て

私が書物の印刷にこころざしたのは、美しさへのはつきりした要求を持つと同時に、讀みやすくて眼をちらつかせず、また無更に風變りな字形によつて讀者の頭腦を亂すことのない書物を作る爲である。私は中世紀の筆寫文字と、其れに代つた初代印字との、かはらない讚美者であつた。十五世紀の書物と言へば、よく其れらの多くを惜し氣なく飾つてゐる附け足しの裝ひがなくても、ただ印刷せられた活字だけで美しいことを私は常に認めて來た。そこで、活字を印刷し、排列したものとして見た場合に一つの喜びとなるやうな書物を作り出すことが、私の企ての要諦となつた。此の見地から私の冒險を觀察して、私はまづ何よりも次の諸點に思ひを致さねばならぬことを知つた。即ち、用紙と、活字の形と、字・語・行を結ぶ相對的な間隔と、さうして最後に、頁の上に印刷さるべき版面の位置。

永くもつ爲にも、眼に美しく見える爲にも、紙は手漉きに限ると私が考へたのは勿論のことであつた。値が廉いからと言つて惡質の紙で我慢するのは、所謂一文をしみの百知らずであらう。其れゆゑ私としては、唯どんな種類の手漉き紙がよいか、其れを考へさへすれば事足りたのである。此の點に付ては私は二つの結論を得た。第一は、紙の材料は全

一五

ウィリアム・モリス（寿岳文章訳）

「ケルムスコット・プレス設立の目的に付て」『工藝』第44号

たものである。その三宅が、戦後の民藝運動が次第に個人作家中心に進んできている動向に対して、民藝本来の工人の生産活動を助成すべきだと批判したことが契機となり、一九五九年に三宅は柳と袂を分かち民藝協会から脱退して、日本民芸協団を設立するに至るのである。寿岳が理事長を引き受けた背景には、このような民藝運動内部における民藝協会と民芸協団との分裂的状況があり、この不幸な分裂の和解のために尽力しようとした点に寿岳の本来の意図があったといえるであろう（『柳宗悦と共に』七〇—七八頁）。

4　外村吉之介（一八九八—一九九三年）

最後に取り上げたいのは、戦後に倉敷民藝館の館長となり、民藝運動の指導者として活躍してきた外村吉之介である。外村は、若き日に、日本メソヂスト大阪両国橋教会に通うようになり、そこで二三歳の一九二一年に洗礼を受けている。そして伝道者への献身の思いを与えられ、関西学院神学部に入学し、一九二六年三月に神学部を卒業している。卒業後、京都基督教青年会（ＹＭＣＡ）の宗教部主事として働き、その後日本メソヂスト山口教会（一九二九—三二年）、さらに日本メソヂスト笠井講義所（一九三二—三四年）、そして日本メソヂスト袋井教会（一九三四—四一年、一九四一年以降は日本基督教団袋井教会）と、終戦に至るまで牧師として働いている。

京都ＹＭＣＡの時代、外村にとって生涯を決定するような大きな出会いを経験することになる。その出会いについて、外村は、「私はカール・バルトの危機の神学と、柳師の『工藝の道』に触れた。前者は雷のように強く私を撃ったが、後者は慈雨のように優しく私を包んだ。それらはともに、近世の浪漫主義に対する激しい批判であり、甘い自己陶酔を打破る警鐘であった。私は回心した。ことに、柳師の工藝の道によって、私は真の地上の道を見出し、突如として古代や中世へ、わが家へ帰るように帰った」（『民芸遍歴』朝日新聞社、一九六九年、二九九―三〇〇頁）と叙述している。二〇世紀を代表する神学者カール・バルトは、特に初期には神と人間との質的断絶を主張し、絶対的他者としての神が、有限の人間にどのように危機的に関わるかを説いている。そのバルト神学との出会いが「雷のように強く私を撃った」のに対して、他方、柳宗悦著『工藝の道』との出会いは、「慈雨のように優しく私を包んだ」と語られている。この柳宗悦の『工藝の道』との決定的な出会いによって、外村は新たに生きる道を指し示されたのである。

一九二九年四月、外村が最初に赴任した教会は、日本メソヂスト山口教会であった。山口教会時代には、いくつかの点で積極的な民藝運動への関わりを模索している状況について窺い知ることができる。柳宗悦や河井寛次郎、あるいはキリスト者で民藝運動に関わっている湯浅八郎や村岡景夫などと積極的に交流している。さらに、教会の聖餐台や献金台用の小卓と花瓶台の図案と監督を柳に依頼して作成しているが、柳宗悦の図案による小卓と花瓶台は、プロテスタント教会で教会建築に関する関心が乏しかった時代の作品として注目すべきであろう（拙稿「民藝運動とキリスト教――機織る伝道者外村吉之介」関西学院大学図書館『時計台』第七八号、二〇〇八年四月）。

外村が、伝道者として働くと同時に本格的に織工として民藝運動に参与するのは、笠井講義所（西ヶ崎）に移ってからである。最初、柳の甥の柳悦孝と浜松近くの「平松工房」で訓練を受けた後、笠井講義所に工房を設置して、いわば機織る伝道者として活躍する姿は、『工藝』（第三八号）の特集「外村・柳（悦孝）の織物」に紹介されている。外村の仕事に新たな境地が開かれたのは、袋井教会に移り、掛川の葛布と出会ってからである。外村は、その掛川の葛布について、「現在掛川で作られて居る葛布は輸出壁紙、襖紙用の外は作られて居ない。然るに昔の縞物を見ると云ひ難い美しさがある。葛布は絹の光沢には及ばないかもしれない。然し独特な植物性の光彩を有つて居る。麻布のような強靱さはないかもしれない。然し更に硬直で、新鮮である。木綿の温さは保たないかもしれ

『工藝』第 38 号　表紙

装幀：安来織

『工藝』第 38 号

外村吉之介、柳悦孝作
菱織、木綿
用途：肩掛、ランナー等

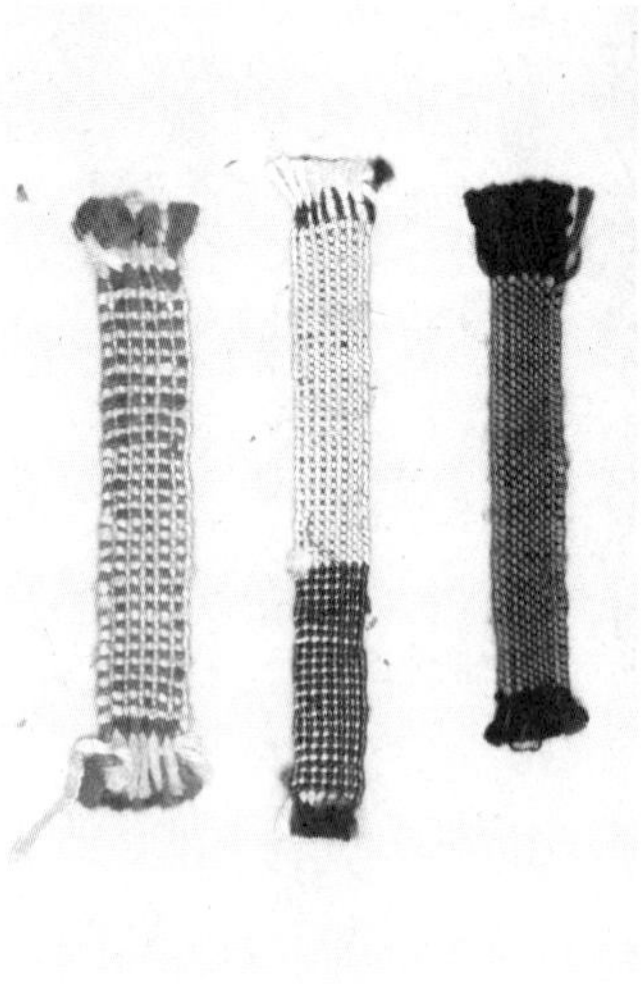

『工藝』第 38 号

外村吉之介、柳悦孝作
平織、絹三種
三種の用途：帯締

ない。然し木綿に比して毛立たず、水湿に侵されない。葛布を今日の用にもつと活かす途が多々ありさうだ」（「掛川の葛布」『工藝』第四五号、五九頁）と描写している。外村は、この葛布織りの作品をいくつかの展示会に出品し、また一九三六年に開館した日本民藝館大広間の壁面を引受けて織り、さらに雑誌『工藝』の四九号から六〇号の表紙も飾っている。そして一九三八年には、古作品に倣う無地物、縞物一〇三点を貼布し、本文をつけた『葛布帖』が日本民藝協会から刊行されたのである。

袋井教会時代、もう一つ外村の貢献として注目したいのは、柳宗悦はじめ民藝協会同人と共に、「美の王国」琉球へ調査旅行を行い、「琉球日記」（『月刊民藝』第二号―一一号、一九三九年五月―四〇年二月）を担当したり、特に琉球の見事な織物を調査している点である。琉球の織物について、いかに深い感銘をもって外村が調査したかに関して、例えば、「衣服に於ては琉球は、まさに美の王国といへやう。織りの材料として絹、芭蕉、麻等に恵まれ、本染々料として福木（黄色）、てかち（茶）、山藍（青系統）を与へられ、手法として厚い伝統を受けて布を作るだけでなく、衣服に仕立て、からの取り扱ひに到るまで、周到な智恵を授かってゐることは羨むべく、尊むべき限りである」（「琉球の織物について」『工藝』第一〇〇号、一三七頁）と述べている。外村において琉球の人々と民藝への深い思いが、戦後も変わることなく継続されたことは、『沖縄の民藝』（倉敷民芸館、一九六二年）からも明らかである。

最後に外村における民藝と宗教の関係に言及したい。民藝における「美」とキリスト教における「信」との両者を内的に統合して捉える外村の理解は、柳の『工藝の道』に由来するものである。この両者の関係について、「私にとって伝道することと機を職ることとは二つではありません。信仰の暮らしと工藝の働きとは神の御働きかけの中にあって、一如であります」（小冊子『信仰と工藝』（袋井時代の初期、大月一清編『外村吉之介年譜』「民芸」追悼号））と、表現されている。民藝が、いわゆる近世の美術と基本的に一線を画す点は、美術が鑑賞される美で

『工藝』第 49 号

琉球の染織に紅型

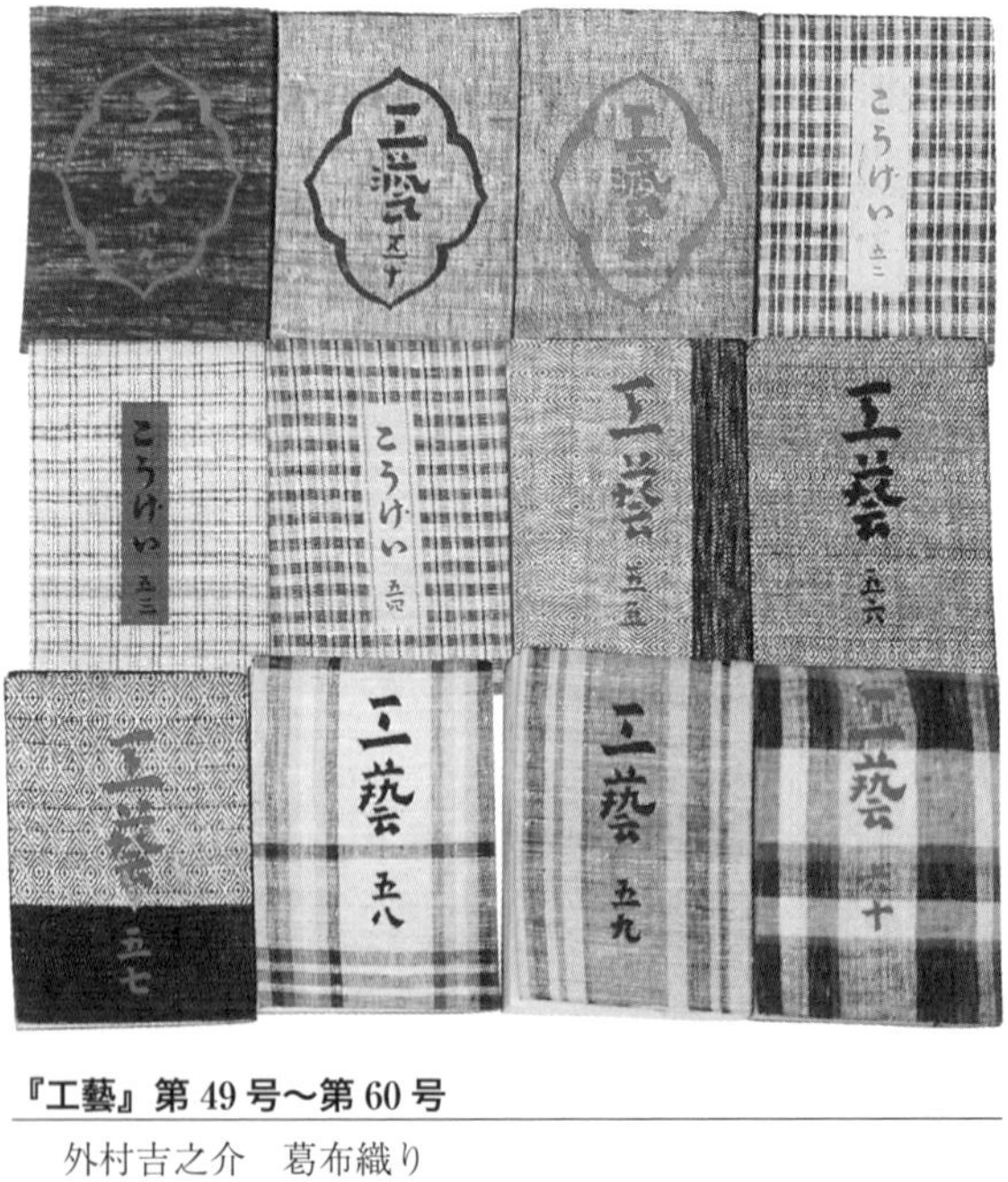

『工藝』第 49 号〜第 60 号

外村吉之介　葛布織り

あるのに対して、民藝は用いられて輝く美、すなわち「用美」であることであった。「基督教芸術に関する音信」の中で、外村は、この「用美」という民藝の基準に即して、礼拝に仕える芸術を復権することを試みている。この点は、「『我思ふ』好みや自由に走る者なく、皆共に神に帰し、神を拝む暮し仲間として畏れ喜ぶ仕事を励んだ。個人の力は協団に帰納せられてこそ処を得、真価を発したのである。それ故この時代の何れのものにも作者の銘を見出すことは出来ない。記念すべきものは人の名ではなくして、神の聖名であった」（「基督教芸術に関する音信」『工藝』第一〇九号、八一頁）と、語られるのである。

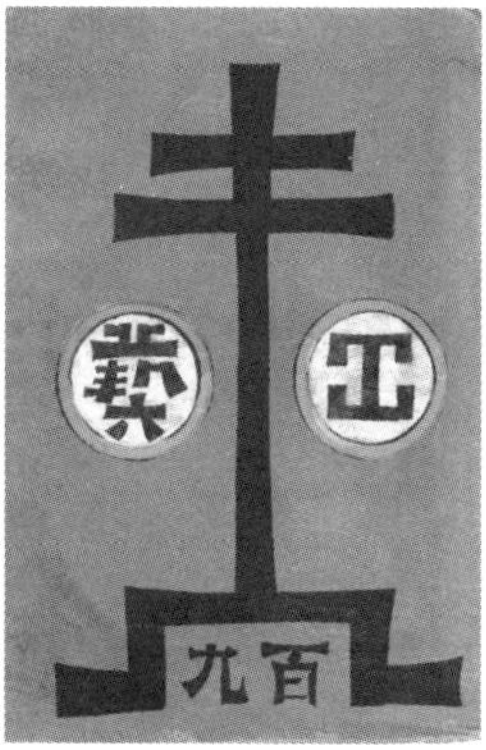

『工藝』第 109 号　表紙

装幀：芹澤銈介

『工藝』第 109 号
挿絵　楽譜（肉筆）

グレゴリオ聖歌 Gregorian chant を記した洋皮本の一頁

『工藝』第 109 号
挿絵　聖マタイ（肉筆画）

古いスワビア Swabia 地方の書物の挿絵

『工藝』第 109 号
挿絵　聖母受胎告（木版画）

天使ガブリエルが聖母マリアにイエスの降誕を告知する場面

結び

以上、「民藝運動と関西学院」と題して、雑誌『工藝』の意義について、そして関西学院と深い関わりをもつ柳宗悦、寿岳文章、外村吉之介などの民藝思想と実践について、特に『工藝』を中心として考察してきた。大学図書館が『工藝』全巻を購入したことを機に、改めて民藝運動と関西学院との関係の深さを確認すると共に、多様なかたちで現在も民藝運動との関係が継承されてきていることを思わされる。このような機会を与えて下さった大学図書館の奥野卓司館長をはじめ、多くの方々に御礼を申し上げたい。

一一月一一日に行われた講演会と交流会には、学内外から沢山の方々が出席された。講演会の協賛と交流会の主催をされた兵庫民芸協会だけでなく大阪・京都の民藝協会の方々、分裂後初めて同席されたという民芸協団の方々、また名古屋や関東からも民藝関係の研究者など多く出席されたが、関西学院の同窓が何人かおられたことに心を動かされた。とりわけ、兵庫県民芸協会の重鎮である笹倉徹氏と大先輩の工樂誠之助氏、民藝運動の若き気鋭の研究者である南山大学准教授の濱田琢司氏、民藝運動を通して日韓の友好的交流を推進してこられた韓国

渡辺禎雄　版画「奇跡の大漁」

の梨花女子大学教授の金順姫氏等には鼓舞される思いであり、心から感謝いたしたい。

第19回　大学図書館特別展示・学術資料講演会

二〇一〇年一一月一一日に大学図書館ホールで、第一九回大学図書館学術資料講演会を開催し、神田健次神学部教授に、「民藝運動と関西学院――雑誌『工藝』を中心として」と題してご講演いただいた。また、それに関連して二〇一〇年一〇月二九日から一二月三日まで西宮上ケ原キャンパス大学図書館において、「民藝運動と関西学院――雑誌『工藝』を中心として」と題して図書館所蔵の『工藝』の特別展示を行い、あわせて「民藝運動とその展開」と題して図書館エントランスに、関西学院ゆかりの柳宗悦、外村吉之介、寿岳文章の紹介と関連の著書『朝鮮とその芸術』『民藝』『民芸遍歴』『ブレイクとホイットマン』『和紙の旅』などの展示を行った。

民藝運動

民藝とは民衆的な工藝、日常生活で使うため職人たちによって創られた実用品を指す言葉です。それまで美の対象としてみられることのなかったこれらの実用品に「平常の美」という人間生活に欠くことのできない美を見出し、自然で暖かみのある美しさを紹介する日本独特の運動が「民藝運動」です。一九二六（大正一五）年、柳宗悦たちによる「日本民藝美術館設立趣意書」の発表が民藝運動の起源とされています。民藝運動は廃れかけていた伝統的な技術を復興しつつ、職人を支援することによって近代に即した「ものづくり」をも推進し、やがて新たな時代を開拓する文化運動へと発展していきました。西欧化・近代化が進展した大正時代末期、柳宗悦は、日本各地の焼き物や染織など、無名の職人たちが創り出した民藝品の発掘と蒐集に努めました。それらは高級品でもなければ西洋の美術品でもありませんでした。また、柳宗悦は民藝運動の拠点として一九三六（昭和一一）年、東京・駒場

『工藝』第 110 号　挿絵　日本民藝館　正門

『工藝』第 110 号　挿絵　日本民藝館　玄関広間

の自邸隣に日本民藝館を開設し初代館長に就任、その趣旨と成果をまとめてこの運動を促進した機関誌が、雑誌『工藝』（日本民藝協会発行）です。

COLUMN

小磯良平氏と関西学院

二〇一三年七月二〇日から一〇月六日まで、神戸の小磯記念美術館において、特別展「関西学院の美術家～知られざる神戸モダニズム」という特別展が開催されています。特別展では、神戸のモダニズムの影響を受けた学院出身の洋画家（大森啓助、野口弥太郎、神原浩、吉原治良、児玉幸雄、片岡真太郎、石阪春生）と創作版画家（北村今三、春村ただを、川西祐三郎）等の作品が展示されています。

今回の展示会場は、日本の洋画壇を代表する小磯良平氏を記念する美術館ですが、実は、小磯氏と関西学院とは深いつながりで結ばれています。まず思い浮かぶのは、同窓の詩人竹中郁氏との交友関係です。二人とも神戸二中の同級生で、生涯豊かな交友関係をたもち続けましたが、小磯氏の東京美術学校の卒業制作作品《彼の休息》（一九二七年）は、竹中氏がモデルをつとめています。小磯氏は、また、関西学院グリークラブのリサイタル・プログラムの表紙絵を何年かにわたって描いています。グリークラブに保存されているリサイタル・プログラムの表紙絵を、美術顧問の広瀬康夫氏より見せていただきましたが、第一九回（一九五一年）、そして第二二回（一九五四年）から第三六回（一九六八年）まで、一六回に及ぶ貴重な表紙絵です。その中から第二二回と第二九回のプログラムをご紹介します。双方とも、男性合唱団としては国内最古を誇るグリークラブの若々しい姿が良く描かれていますが、わけても第二二回の表紙絵は、迫力があり、心に響きわたる美しい男声合唱が今にも聞こえてきそうな作品です。

小磯氏と学院のかかわりで、もう一つ銘記されるべきことは、お二人のお孫さんの本学卒業を記

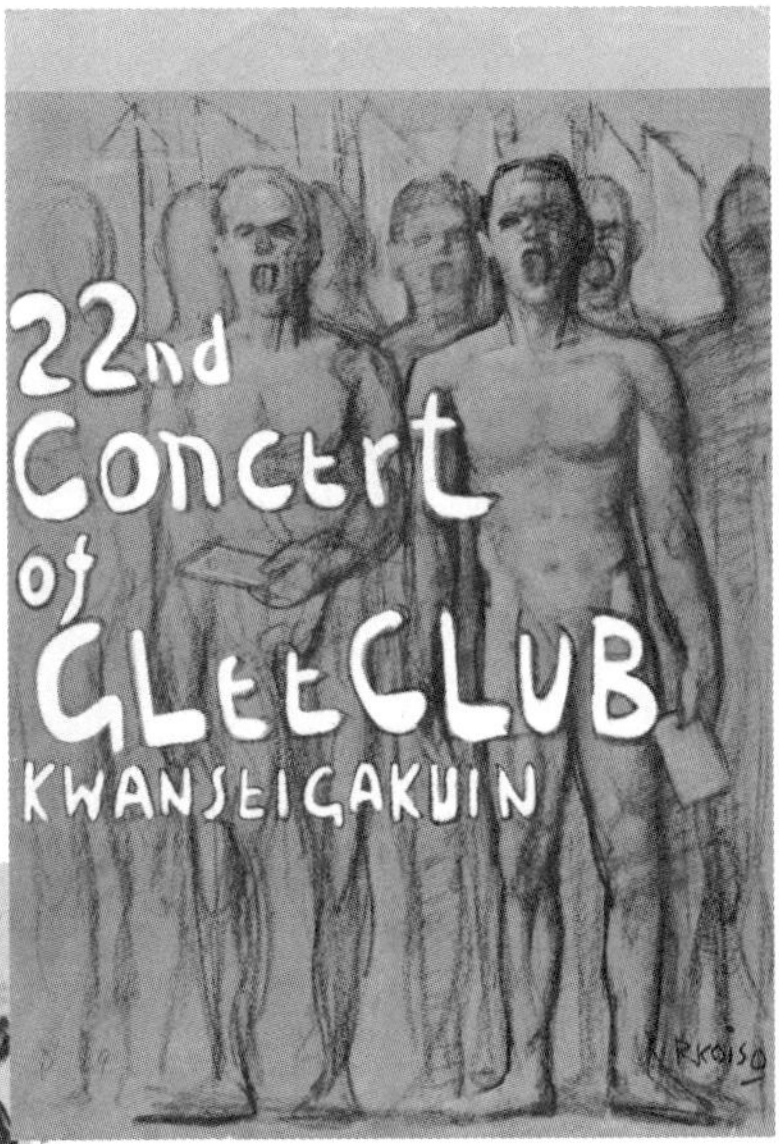

グリークラブリサイタルのプログラム

上：第22回（1954年） 左：第29回（1961年）

「聖書より」

念して、小磯氏が一九八八年六月に《聖書より》と題する見事な作品を寄贈されたことです。学院は、創立一〇〇周年記念寄贈品として感謝をもって受領し、現在は本部棟二階の会議室に飾られています。この作品は、小磯氏が一九六〇年八月から五カ月間ヨーロッパ旅行された後、その心象を描かれたもので、縦一一六センチ、横一一五センチの油彩で描かれています。キリスト者として知られている小磯氏は、この作品以降、日本の聖書教会より『口語訳聖書』（一九七一年）のための挿絵を依頼され、三二の聖書の場面を水彩画として描いていますが、油彩のものはこの一点だけという大変貴重な作品です。作品の中央には、ある強い意志をひめた表情で、大地にしっかり立つ女性の姿が印象的に描かれ、小磯芸術の真髄ともいえる透明な叙情、高い画品がただよう秀作といえるでしょう。

第3章

暁明館の成立と変遷(1)

関西学院社会奉仕会の足跡を求めて

I have just heard of the plan to celebrate the 20th Anniversary of the Gyomeikan sometime in November and I hasten to send my cordial greeting and hearty congratulations.

I have followed the work of the Gyomeikan with deep interest through all the twenty years of its history, and have rejoiced in the success which it has achieved and the excellent work it has done.

It has been able to combine social uplift and spiritual inspiration in a very remarkable way, and has brought new hope and light to many people.

It has been able to heal the bodies of many who were sick, to enlighten the minds and hearts of those who were seeking education and guidance, and to point out a new and better way of life to those who were bewildered and disappointed. For all this we thank God.(2)

この一文は、カナダ合同教会派遣の宣教師として、長年関西学院の発展のために尽力され、大きな足跡を残されたH・W・アウターブリッジが、大阪暁明館二〇周年記念に際して、ご自身の理事としての共同参与を回顧しつつ、母国より寄せた祝辞の一節である。暁明館二〇年の歩みを、「社会の向上と精神的な啓発とを巧みに結び合せ、数多くの人々に希望と光明をもたらしてきた」と、要約して述べている条りは着目すべきであろう。

暁明館は、今日、大阪市此花区において「大阪暁明館病院」として存在し、その地域における医療事業が高い評価を受けているが、その創設は一九一五（大正四）年にまで遡るもので、個人経営の労働者宿泊施設として出発した事業であった。そして、それは、経営事情の危機にともない、一九三一（昭和六）年より関西学院社会奉仕会によって引き継がれ、事業内容も大きく拡充・発展してゆくことになる。更に、戦後の一九四七（昭和二二）年以降、大阪暁明館病院として新しい出発をすることになり、一つの歴史に終止符が打たれることになるが、アウターブリッジの回顧的発言は、主として関西学院社会奉仕会が事業を担った時期を指していると思われる。

このような関西学院の歩みと関わりの深い暁明館の働きにも拘わらず、従来の学院史の中ではほとんど評価されないままであった。本章は、暁明館の働きと関西学院との関係を中心として、戦後の病院事業に転換するに至るまでの暁明館の成立と変遷を歴史的にたどり、関西学院社会奉仕会の関与の経緯とその活動の展開を多少なりとも明らかにしようとするものである。

1　時代的背景

大阪暁明館が大阪市此花区の一角に誕生した一九一五（大正四）年前後の時期は、とりわけ大阪市が大きく変貌をとげる時期であった。暁明館という社会事業の成立が、まさにこのような社会の変貌と密接に関連しているので、まず最初に、その時代的背景に言及しておく必要があるであろう。

『明治・大正大阪市史』によれば、(3)明治から大正期にかけての大阪市の人口推移は、次のとおりである。

一八六八（明治元）年	二八万人
一八八二（明治一五）年	三三万人
一八九七（明治三〇）年	七六万人
一九〇四（明治三七）年	一〇〇万人
一九一二（大正元）年	一三〇万人
一九一六（大正五）年	一五〇万人
一九二五（大正一四）年	二一一万人

この人口推移の表でまず注目すべき点は、人口増加が顕著な一八九七（明治三〇）年と一九二五（大正一四）年が、それぞれ第一回と第二回の市域拡張の時期にあたっている点であろう。しかも、一九二五（大正一四）年の時点で、大阪市の人口は二一一万人と世界第六位にまで達し、二〇〇万人であった第七位の東京を引き離して日本一の大都市となっていたのである。特に、大正期に入ってからの人口増加率は、年率二・三パーセントにのぼり、他の諸地域からの急激な人口移動がみられるのである。

こうした人口増加の背景には、大正期の前半、一九一四―一八（大正三―七）年におけるヨーロッパを舞台とした第一次世界大戦の影響が考えられるであろう。この世界大戦の勃発によって、欧米先進諸国の工業品のアジアに対する供給が大きく後退し、日本の重工業が多くの分野で輸入代替を促進したうえ、従来より強かった軽工業はアジア諸国への輸出を急速に伸ばすという状況が生じてきたのである。

そして、このような「日本の他のアジア諸国との緊密な接触やアジアの経済的文化的中枢としての登場を具体的に担ったひとつの核が、まさに〝東洋のマンチェスター〟と呼ばれた大阪であった。一九二五（大正一四）年の時点で大阪市は二一一万人の人口をもつ世界有数の大都市」であり、「市中央部の伝統的な商業、金融の中心地に加えて、その周辺部、とくに淀川から大阪湾にかけての一帯に、綿業、機械工業などの工場地帯を有するアジア最大の商工業都市となっていた」(4)のである。

「アジア最大の商工業都市」として、〝東洋のマンチェスター〟とも呼ばれた大阪、しかしながら、その急激な工業化にともない、特に農村から多数の人々が労働力として移動し、それが大阪周辺部への人口流入となり、スラム化現象をひき起こしている。第一次世界大戦後のインフレは、そのスラム化現象に拍車をかけ、一九二四（大正一三）年には日雇労働者の数が約一〇万人を数えているのである。

暁明館が創設された此花区――一九二五（大正一四）年までは西区――に目を転ずれば、この地域は、明治半ばから大正期にかけて、大阪第一の工業地区として形成されていった。いわゆる西六社と呼ばれる、住友金属、住友化学、住友電工、日立造船、大阪ガス、汽車製造（現川崎重工）が、この地域に建設されていたし、また、大阪電灯会社の「八本の煙突」に象徴されていたように、まさに〝煙の都〟と呼ばれていたのであった。しかも、この地帯は元々湿地帯であったため、低所得者層、日雇労働者がそこに集中して移住し、スラムが形成されていったのである。

では、以上のような急激な工業化とスラム化によって大きく変貌しつつあるその中で、様々な形の疎外で苦悩する人々に、大阪の市営の社会事業は、また民間の事業はどのように対応したのであろうか。暁明館創設の位置づけを明確にするためにも、更に同時期の大阪における社会事業に簡潔に言及しておかなければならないであろう。

まず、市営の労働者福祉事業についていえば「米騒動を契機として大阪の社会事業は本格的に発展をとげ、労働者福祉事業がはじめられることになった」[5]といえるであろう。『大阪社会事業要覧』に従えば、一九一八（大正七）年のいわゆる米騒動の大きな社会混乱を契機として、簡易食堂、職業紹介、市設少年職業紹介所、住宅、託児所、実費診療所、浴場、人事相談所、理髪所、共同宿泊所、児童相談所、産院などの市営の社会事業が、本格的に着手されているのである。[6]その中で、共同宿泊所に着目すれば、一九一九（大正八）年には、市内の今宮、西野田、築港の三個所に共同宿泊所が設置され、それぞれに簡易食堂、職業紹介所、人事相談所、理髪所が付設されている。これら三カ所の共同宿泊所の設立は、その近辺の「下級職工と労働者のための低廉なる宿舎であり、同時に彼等を教化する目的をもったものであり」[7]、その概要は次頁の表のとおりである。[8]

なお、開設して半年間の宿泊状況は、今宮が総計五万四四二人で一日平均二七一人、西野田が総計四万八三二六人で一日平均二六三人、築港が総計四万九六四人で一日平均二二三人となっている。[9]

市営の社会事業が、大正期の半ばから本腰をいれて取り組みを始めたのに対して、民間の事業では、すでに明治期の一〇年代から先駆的な取り組みが着手され、明治末期には、保健・救療、養老、育児、盲人保護、職業紹介・授産・宿泊、教化矯風、免囚保護など、事業団体は四二を数えていた。職業紹介及び宿泊・授産関係をみれば、[10]例えば、キリスト教婦人矯風会大阪支部は、一九〇七（明治四〇）年に大阪婦人ホームを北区中之島に設立し、大阪に就職をもとめる婦女を対象に紹介事業を開始して、一九一九（大正八）年度には、取扱人員四一五人を数えている。また、一九〇九（明治四二）年には西区土佐堀で、大阪基督教青年会（ＹＭＣＡ）が、北区の大火を契機としてその義捐金の余剰を基金に罹災者中の失業者を対象として人事相談部を設け、職業紹介を開始し、一九一九（大正八）年度には、求職申込数が四八四人を数えている。更に、一九一二（大正元）年に港区恵美須町で、キリスト者八浜徳三郎を主事として男女職業無料紹介の看板を掲げてスタートした大阪職業紹介所、一九一四（大正三）年以降活動を続けている北野職業紹介所、そして、労働者宿泊施設として一九一二（大正元）年に今宮に設立された

所名	今宮共同宿泊所	西野田共同宿泊所	築港共同宿泊所
位置	大阪市南区宮津町	大阪市北区西野田江成町	大阪市西区鶴町一丁目
創設費	金十三万五千七百六円	金十二万四千五百円	金七万九千六百四十円
敷地坪数	一千四百九十三坪	七百五十四坪六合九勺	九百坪
建物坪数	木造二階建三百二十六坪三七五 木造平屋建百五坪四九八	同　三百十三坪五六五 同　六十五坪二五〇	同　二百六十三坪二五〇 同　百二十七坪八七五
室数	八畳五室　六畳五十四室 四畳半二十四室 四畳四室　計八十七室	六畳七十一室 四畳半十四室 三畳一室　計八十六室	八畳　五室 六畳　五十九室 四畳　一室　計六十五室
宿泊人定員	三百二人	三百十三人	二百六十八人

大阪自彊館などがあげられるであろう。

暁明館設立に関連する労働者の職業紹介と宿泊を中心とした大阪の市営及び民間の社会事業の概要は、以上述べたとおりであるが、後述する関西学院社会奉仕会のセッツルメントとの関連で、付随的に、大正期の大阪におけるキリスト教の隣保事業を二、三紹介しておきたい。[11] 関西学院社会奉仕会が暁明館に関与するのは、一九三一（昭和六）年からで、当時の学生セッツルメントとして関西では先駆的であったが、一般のキリスト教セッツルメント事業としては、すでに大正期にその活動を始めていた。例えば、一九〇八（明治四一）年にバプテスト女子神学校としてスタートした米国の宣教師ミード女史の教育事業は、一九二三（大正一二）年に十三でキリスト教ミード社会館を竣工し、地域で隣保事業を開始している。あるいは、一九二五（大正一四）年には、賀川豊彦、吉田源治郎両氏を中心として、四貫島において「日本労働伝道会社・四貫島セッツルメント」を設立し、日曜学校、珠算・裁縫教室、英語教室などを始め、更に一九二七（昭和二）年には、児童図書館、歯科無料診療所、消費組合などの事業を拡充して展開している。また、四貫島セッツルメントが設立された同年、S・F・モラン、A・ケリー両宣教師によって、煤煙はなはだしい工業地帯における労働者とその子弟の社会的・精神的生活の向上を目ざして淀川善隣館が創設され、幼稚園、日曜学校、母の会、少年・青年の会、乳幼児健康相談、看護婦の家庭訪問などの多彩な活動が展開されているのである。

2　大阪暁明館の成立

前述のように、大正期の大きく変動する大阪の時代的背景の下に、一九一五（大正四）年五月、大阪市此花区四貫島において大阪暁明館が創設された。それは、労働者宿泊施設として設立されたもので、建物としては木造二階建で三棟からなるものであった。そして、その創設者として事業にあたったのは、広岡菊松であった。

『暁明館便り』に連載された「暁明館物語」(12)によれば、創設者の広岡菊松は、一八六五（慶應元）年に安治川の河口近辺の貧しい家庭の長男として生まれている。家庭の生計を助けるため、少年時代から労働者の群に身を投じて働き、青年期には大阪市の消防小頭を勤めるなど、苛烈な青春を送っている。生来大層の努力家であり、更に壮年期には数軒の公衆浴場や労働請負業などを手広く経営するまでの実業家として活躍している。同時に彼は、貸家を安い家賃で貸したり、能勢妙見山上に無料の休憩所を寄贈して建てたり、社会的救済面にも理解を示す篤志家として世間に知られるようになっていた。

その広岡が、暁明館の建設を具体的に構想するに至ったのは、五〇歳の春であったが、そこには一つの出会いが契機としてあった。それは、当時大阪の社会福祉の歴史において指導的な役割を果たしていた西成区の大阪自彊館の実質的な創設者であった中村三徳との出会いにほかならない。中村を中核とした大阪自彊館の建設運動は、一九一一（明治四四）年に始まり、翌年の六月に完成し、更にその次の年には財団法人の許可をうけて、本格的な社会救済運動として展開を始めていた。広岡の夢は、このような大阪自彊館を一つのモデルとして掲げ、四貫島の地において労働者の宿泊施設を建設することにあった。その夢を、広岡は若き日の苦労の体験を回顧しつつ次のように語っている。

安くて清潔な宿を世話し、規則正しい生活で、社会の底辺であえぐ労働者にも物心両面でゆとりをもたせたい。そうすれば貯金もできるだろうし、真っ当な生き方もできよう。(13)

このような広岡の夢を託して創設された「大阪暁明館」、この名称の背景には、自ら命名の親である中村の意図があったが、それはまさに広岡の夢に呼応するものであったといえる。つまり、広岡より命名の依頼をうけて、中村は、しばらく瞑想した後、「晨に星に戴いて、夕に月を踏んで帰る、というのは働く者の姿や。この言葉をとって〝大阪暁明館〟としよう。」と語ったと言われているのである。(14)

大阪暁明館が創設された同時の地域的状況は、すでに概観したように、急速な工業化を遂げつつある中で、低所得労働者、日雇労働者が急増し、地域がスラム化しつつあった。こうした状況の中で、宿泊問題が深刻さを増していたにも拘わらず、行政の対応がなされていないままであった。その意味で、市営社会事業が着手する四年前に、大阪暁明館が創設された意義は小さくないように思われる。

広岡が、独力で私財を投げうって創設しようとした暁明館が、その工事を着手したのは、一九一四（大正三）年九月であった。そして、中村の好意による古材の活用などで工事も着々と進展し、翌年の五月四日には落成式をむかえている。およそ千平方メートルある四貫島二丁目の敷地に完成した木造二階建三棟の宿泊施設には、全部で一六室の部屋が備えられたが、その完成された施設の模様を、「暁明館物語」は次のように精細に描写している。

部屋は全部で一六室、各部屋には押入があって、畳一枚に一人の割で宿泊定員は八十人。個人の簡易下宿では、布団一組に二人ずつだったのが、ここでは一人に一組を貸与し、宿泊者たちは昼間の重労働に疲れた体を割合ゆったりと横たえることができました。部屋の両面をガラス張りにしたのは、賭博などをしないようにという広岡らの配慮です。

宿泊は入浴とも一泊六銭。食堂は食券制で、献立には労働に必要な塩を利かし、風呂は清潔を第一に、五右衛門風呂でした。これらの気くばりは、大阪自彊館で得た中村三徳の助言と若い頃労働者の生活を体験した広岡の知恵によるものです。(15)

このような施設によって事業を開始した暁明館を、その創設以来、事業を担ったのは、広岡夫妻の他、事務担当として中村より推薦されてきた佐野順蔵であった。大阪自彊館築港分館ですでに救済事業に精通していた佐野を迎えたことは、この種の事業が初めてであった広岡にとっては貴重であり、実際に大きな力であったのである。時代は、第一次世界大戦が終結にむかう中、インフレの浪が底辺労働者の生活にも厳しく押しよせつつあったが、暁明館の宿泊者は次第に増え、まさに働く人々のオアシスとして厳しい時代に暖かい灯をともしていたのであった。

しかしながら、順調にスタートした事業ではあったが、それも長続きはしなかった。というのも、事業が軌道に乗り始めた一九一九（大正八）年の秋、それまで元気で陣頭指揮にあたっていた創設者の広岡菊松が、脳溢血の発作で倒れ、突如、暁明館に大きな衝撃が走ったからである。遺書も言い残す言葉もなく、そのまま広岡は帰らぬ人となった。享年五四歳であった。この思いもよらぬ創設者急逝の出来事は、暁明館の存立を大きく揺り動かす危機的な出来事であったといえる。

亡くなった広岡の存在が、宿泊者にとっては、何でも相談に乗ってくれる気さくな親父のような存在であっただけに、その役割は代わりえなかったが、その意志は息子の信貴知に受け継がれることになる。信貴知は、当時まだ二〇歳を迎えたばかりで、関西学院の学生であった。大正デモクラシーの中で育った彼は、自由で平等な思考を持ち、父の事業を継承し、暁明館の新たな発展に情熱を注ぐ決意を抱いていた。そして、この信貴知を支え、励ましたのが、宿泊者からは〝おかあさん〟と親しまれていた未亡人となった母であり、また事務を担当してきた佐野順蔵であった。第一次世界大戦後、ますます厳しく吹きあれる不況の嵐の中、こうして新しいトロイカ体制を組んで、暁明館は再出発をしたのである。

信貴知の生活は、ほとんど館内で起居する形で、昼間は当時はまだ神戸の原田の森にあった関西学院に通い、夜間は遅くまで暁明館の仕事に忙殺される日々であった。彼は、その当時の模様を振りかえって、「何分ふた道かけての生活でありましたので、まことに多忙な、寸暇のない日々でございましたが、今から思ひますと、忙しい生活の中にも、はり合ひのある楽しい生活でありましたが、然しよくまあ若い身ぞらで、無事大過なく他の社会事業団体に伍して、兎に角十有余年やって来ることが出来たと一しほ感慨深いものがございます。[16]」と、後年書き残しているのである。

その後、関西学院を卒業した信貴知は、昼間は文の里の明浄高等女学校で教鞭をとることになり、関学出身の若いハイカラな英語の教師ということで、女学生たちの人気を集めていたようである。しかし、学校から帰れば、暁明館の仕事に夜遅くまで追われ、文字通り苦闘の毎日であった。その努力のかいもあって、宿泊者数は、残された記録によれば、一九二二（大正一一）年には、一万一六七四人と落ちこむところまで落ちこんでいたものの、それ以降は徐々に上昇し、一九二六（大正一五）年には、一万五二七四人、一九二七（昭和二）年には一万五三七六人、一九二八（昭和三）年には一万五六〇三人にまで回復しているのである。その背後には、信貴知らの努力もさることながら、時代的に不況の谷間を脱却したという背景があったといえるであろう。

この頃の暁明館の特徴について、「暁明館物語」が、次のように叙述している点は興味深い点である。

> 暁明館の特徴は、当時公設の宿泊施設が一泊主義だったのと異なり連泊方式を採用したことです。単なる一夜の宿を提供するのではなく、長期の宿泊によって宿泊者の相互の友愛、助けあいを深め、同じ屋根の下に住む家族のようなぬくもりを大切にしようとしたのです。年の暮れの餅つき、春秋のピクニックなど館ぐるみで参加するイベントを催して宿泊者たちは楽しみをわかちました。
>
> そしてもうひとつ暁明館には館内禁酒のルールがありました。昼間激しい肉体労働をする男たちにとって、それは苦痛とも思える規則でしたが、広岡は亡父菊松の遺訓でもあったこの方針を堅く守り、酒気を遠ざけることによって貧しい労働者たちの自力更正を図ったのです。[17]

ここには、信貴知によって受け継がれた暁明館の事業というものが、堅実な量的回復を遂げてきただけではなく、事業の内実においても、務めて労働者の互助と自立に仕えようとする姿勢を貫こうとしていた点が、よくあらわれているのである。

3 「関西学院セッツルメント　大阪暁明館」

一九二九（昭和四）年の一〇月二四日、突如として襲った世界的大恐慌は、大阪にも不況の荒浪として押し寄せてこざるを得なかった。この不況に直面して、急速に仕事量が減少し、農村から移住してきた労働者たちは、再び農村へのUターンを強いられたのである。

大阪暁明館における宿泊者数も、一九二六（昭和元）年から二八（昭和三）年頃までは一万五〇〇〇名台を維持していたものの、一九二九（昭和四）年には一万四六九七名と一万五〇〇〇名を割り、一九三〇（昭和五）年には一万二九七〇名に落ちこむ危機に見舞われている。小規模社会事業のこうした行き詰まりの打開を願って、信貴知は、一九三一（昭和六）年に母校関西学院の恩師である神崎驥一を訪問し、暁明館の将来について相談に伺っている。その時の具体的な打開策として信貴知が提案した点は、暁明館の将来を関西学院に委託するということであった。つまり、暁明館の設備・事業のすべてを関西学院に寄付し、大学に経営と運営の一切をゆだねるという思いきった打開策の提案であった。

当時、商学部長であった神崎は、この一人の教え子の窮状打開を願っての提案を真摯に受けとめて検討することを約束し、これを、大学の首脳と学生有志とで構成する社会奉仕会という運動母胎において考えていく方針をとっている。無論、学院経営・運営の直接関わる形でなかったにせよ、当時の情勢の中でこの大阪暁明館の事業の責任を負うということは、決して容易なことではなかったと思われる。むしろ、社会全体の先行きに暗雲が垂れこめつつある時代の中で、日雇労働者の宿泊という福祉事業の責任を負うということは、明らかに小さくない犠牲を伴う神崎の一つの決意があった点に注目したい。

一九三一（昭和六）年の一一月三日付で発行された『商学評論』（第一〇巻）の「巻頭の辞」において、神崎が次のように述べている点は、暁明館事業を引き受けた心境の一端を明らかにしているように思われる。

ここに於て吾人は、商業教育の基本観念に対する徹底的再吟味と再建設の必要を叫ばねばならないのである。吾人は過去に於て利潤に対する欲求と、又物に対する信頼が余りに強かったのである。然れども商業教育が営利術策を授けることを以て本領とする限り、それは自己滅却の行為である。商業教育の方法が最少の犠牲を払って最大の利益を収得せしむるを以て使命とする限り、それは自家撞着の挙動である。私は先に発刊された『商業経済論文集』の巻頭言の中に、本学院の教育精神は根底に於て三大綱領を有すると述べた事を記憶する。第一は自由主義に基く人格の養成を以て人間教育の基礎とすること、第二は“Mastery for Service”の標語をかざして奉仕犠牲の徳力を涵養すること、第三は新時代の精神に準拠する国際観念の教育に力を注ぐこと、これである。おこがましいかも知れないが、私はかうした観念の上に立つのでなければ、今後の社会は其の窮極に於て健全なる経済生活を遂行し能はざるを信ずるものである。而して奉仕の精神と云ひ、国際共存の観念と云ひ、共に終局において、現下に見るが如き経済的難局を打開させる所の基礎的精神でなくてはならぬと考へる。(18)

ここで神崎が、「自由主義に基く人格の養成」「“Mastery for Service”」、そして「新時代の精神に準拠する国際観念の教育」を、「本学院の教育精神」の根底をなす「三大綱領」と見ている点は着目すべき点と思われる。とりわけ、「“Mastery for Service”」のスピリットが、暁明館事業を受けとめようとする神崎の決断に深く関わっていたといえるのではないだろうか。

暁明館の事業活動を実際に担うことになった「社会奉仕会」とは、実はその前年の一九三〇（昭和五）年の秋に発足したばかりの会であったが、この暁明館の事業を引き継ぐ問題は、当時の学内でも注目をひいていたようで、学生が発行していた新聞『関西学院新聞』は、その模様を「大阪四貫島の暁明館を後継か？」というタイトルで次のように報じている。

青年学徒として、悩める社会に何等かの奉仕をせんとの情熱に燃えて、昨年秋発会した学院奉仕会は発会以来、活動を続けて来たが此の度理事の諸教授を中心として、新たなる戦線を展開せんとしてゐる。大阪四貫島に於て、ルンペンプロレタリヤの為めに宿を貸し食料を与へ大いに尽力してゐる暁明館では此の度館主広岡氏が引退せられるので、奉仕会は其後を引受けて大いに活動せんものと今その交渉中である。尚経済的に困ってゐるのでその基金募集の為め、映画会を開催しつゝ各地を旅行する事業を企てゝゐる。今秋、東京に於て社会事業団体のミッションスクール会議が開かれるがその席上大いに学院の誇る所あらん事を期してゐる。奉仕会の主事文科四年秋谷君の抱負をきけば『発会後未だ日も浅く又経済的に苦しいが今年は実際的社会奉仕に必ず為す所ある覚悟です』と力強く語つた。有閑学生がダンス、玉突、麻雀にうつゝをぬかしてゐる時に、苦しめる同胞の為めに時間と労力を捧げつゝある諸君の健闘、涙ぐましくもあり頼もしい。(19)

この記事から明らかな点は、昨秋発会したばかりの理事の諸教授と学生有志から構成されている「社会奉仕会」が、暁明館事業を引き継ぐべきか否かを交渉中であること、そして経済的には困難な状況のため基金募集のため各地を映画会などを催して旅行する企画を立てている点である。

交渉と協議の末、六月一二日、社会奉仕会は役員会において引き継ぎの件に関して決議した旨を、六月二〇日発行の『関西学院新聞』は、「奉仕会では四貫島の暁明館を引継に決定す」という見出しで、次のように報じている。

　社会奉仕会の今年度に於ける一大事業たる大阪四貫島暁明館引継可否の問題に関し、其後屢々役員協議会を開催し、且つ神崎理事長を始め関係各教授並に学生役員総出動で同館の地理的財政的方面の実地調査を為し、或は阪神間の知名経験者を歴訪し意見を聴取する等引継準備に重要な全ゆる材料を集める事に奔走してきたが六月十二日同問題に対する最後的役員会を開き一先ず引継ぐ事に衆議一決した。此の問題に関して文四・秋谷君を訪へば『経営の具体的問題に関しては各自それ〳〵意見を異にして一致を見なかつたが兎も角も財政及び人事の関係からして最初は現状維持を続ける事にし、原田・原野・河辺の三教授及びランバス女学院長田中貞氏を常務委員に挙げ専問《ママ》的方面の調査を御依頼する事にした。引継は九月に実施する予定である』と語つた。此れによつて奉仕会の社会事業もいよ〳〵本格的活動に入つた訳である。[20]

　この記事に従えば、決議に至る過程に周到な準備と議論があったことが窺える。つまり、暁明館の「地理的財政的方面の実地調査」「阪神間の知名経験者を歴訪し意見を聴取する」など、検討するために必要な準備作業を経た後、討議を重ね、最後的役員会の場で、暁明館引き継ぎの件を決議したのであった。かくして、正式には一九三一（昭和六）年九月一五日、「関西学院セッツルメント大阪暁明館」が社会奉仕会を基盤として成立するに至ったのである。

　セッツルメント運動とは、知識人や学生が労働者街やスラムに定住し、人格的接触を介して労働者や貧困者の生活の向上、社会参与を目指す運動で、一九世紀後半、英国のロンドンにおけるスラムにオックスフォード大学教授A・トインビーを中心としてオックスフォード、ケンブリッジ両大学の学生が住みついて活動したのが端緒とされている。日本では、一八九七（明治三〇）年に東京三崎町でキングスレー・ホールを片山潜が創設したのが、その始まりとされている。そして大学のセッツルメントとしては、大正デモクラシーを背景として、一九二五（大正一四）年に東京本所で東京帝国大学の学生セッツルメントが活動を始めたのをきっかけに、関東学院や明治学院などのセッツルメントが先駆的な活動を展開している。[21]

例えば、明治学院の学生セッツルメントは、一九二九（昭和四）年に東京の大崎町の労働者街において、小さな家屋を借りて活動を開始している。優れた学校史として評価の高い『明治学院百年史』によれば、[22]学院が、社会科の実習ということもあり、学生セッツルメント設立を企画し、その「設立趣意書」には、簡易診療所を開設して実費治療をなすこと、人事相談部を設けて失業法律其の他の人事問題に善処せしむること、そして夜学校、日曜学校を開いて少年労働者に市民教育と情操教育とを施すこと、この三つの活動プログラムが織りこまれている。しかし実際には、学院会計の赤字の問題などで、一九三四（昭和九）年には閉鎖の運命をたどり、必ずしも長い命脈ではなかった。

関西学院社会奉仕会の暁明館セッツルメントは、明治学院より二年遅れてスタートしているが、関西では先駆的活動といえるであろう。しかも、明治学院の場合と較べて、後述するように、比較的長期に亙って幅広く事業内容を拡充しつつ展開しているのである。確かに、そこにはそれまでの宿泊事業の実績を継承してスタートしたという利点が働いているからであろう。しかし、それにもまして、第一に、学院経営とは切り離した形で理事会を構成し、幅広く民間に募金を呼びかけて事業経営に務めたこと、第二に、活動主体の学生が関西学院に限定されず、ランバス女子神学校や神戸女学校などの学生達との協力という広がりを得て活動が担われた点に、長期的な実りある展開がみられた理由が存していたように思われる。

4　事業内容の展開

前述のように、大阪暁明館が「関西学院セッツルメント　大阪暁明館」として引き継がれて成立する経緯について述べてきたが、ではこのような形で新たに出発した暁明館が具体的にどのような活動内容を展開したのか、再び『関西学院新聞』を中心に見てみたい。

一九三一（昭和六）年九月一五日に関西学院セッツルメント大阪暁明館が成立し、活動を始めた直後、九月二〇日付の『関西学院新聞』は、「具象化した暁明館の経営」というタイトルを掲げて、次のように報じている。

学窓より街頭へ――理論より実践へ――と社会性の迫力は遂に観念的遊戯することを必然にも看過しては置ない。この近代の明暗色の中に投じて Mastery for Service を具体化した一つの姿が我が社会奉仕会の暁明館引継の事業となつて社会の視聴に呼びかけたのである。午後のひととき将来せんとする館の内容を克明に彩色して載くべく神崎理事長に刺を通ずれば

『本月十五日からとりあへず正式に引継ぎました。そもそも暁明館といふのは大正四年の商科卒業の広尾信貴知氏の厳父が労働階級に奉仕の意味で建てられた宿泊保護を主とする事業であつて今年の春以来社会奉仕会或は適当な機関に一切を譲渡さうといふ申込があつたので社会奉仕会関係者は責任があり財的問題も伴ふたので数ヶ月の研究後引きうけることに決定を見たのです。場所は四貫島文徳町で先年約二万円を投じて建てられ収容能力は八〇名程で従来は単に労働者の宿泊保護だけでしたが我等は之からもつと広汎に渉つて宿泊は勿論人事相談職業紹介及指導等其他適切な救済をなし又隣保部を設けて児童を目的とする学習児童文庫日曜学校夏

期学校等を継続的或は一時的になし教育的な施設としては夜学校講習会一般的の講習会又娯楽修養等財政の許す範囲に於て出来るだけやつて見度いと思つてゐます。組織は財政問題の責任上奉仕会直接のものとはせずして組織的に密接な関係をもつ別の単位の事業にする予定でゐます。そして数名の理事若干の評議員を中心として学院を背景とする関係者及大阪神戸を中心とするこの種の同情者や興味をもつてゐるひとをもつてなつてゐます。なほ目下のところ理事としては原田、川辺、柳原先生及びランバスの田中院長さしあたり理事長としては私（神崎部長）がおされ評議員中には教授学生先輩其の他知名の人の参加を得て経営してゐます。』と学院が社会的に乗り出した大きな事業として内外刮目して見詰めつゝある。[23]

この記事に従えば、まず注目すべき点は、社会奉仕会が暁明館の事業を引き継いだことを、「Mastery for Service を具体化した一つの姿」と捉えている点であろう。学生の視点から、このように社会奉仕会の新しい取り組みを明確に位置づけて理解している点は重要な指摘と思われる。そして、組織上の問題としては、神崎理事長の談話によれば、財政面のことがあるので奉仕会とは別組織として、四人の理事があげられているが、実際には、理事長としては神崎驥一、常任理事には河辺満甕、会計理事は原田修一、それ以外の理事として、ランバス女学院の田中貞、柳原正義、広岡信貴知があたっていたのであった。

また、具体的な活動プログラムとしては、従来の宿泊事業に留まらず、より広範に授産部、宗教部、隣保部を設けている。より具体的には、授産部は、職業紹介及び職業指導を担当し、宗教部は、地域の子供たちを集めて日曜学校を行ったり、街頭に出かけて伝道集会や野外礼拝を催したりしている。例えば、一九三三（昭和八）年には、一年間で四一回の日曜学校が開かれ、一七四五名の児童が集っている。そして隣保部は、ランバス女学院の応援を得て、幼児学園を開いて地域の子供たちの教育問題に関わり、少年・少女クラブを結成し、遠足やピンポン大会等のプログラムを企画している。また、特に不就学者の成人には夜間の公民学習会、女性には料理講習会等、幅広いプログラムを展開しているのである。(24)

関西学院の社会奉仕会が暁明館事業を継承して五年後の一九三六（昭和一一）年、多面的に展開してきた活動プログラムが場所的に消化できなくなり、更なる事業の拡大計画と相俟って西淀川区伝法高見町に新しい隣保館を建設することになる。この新しい展開は、社会奉仕会の働きに対する高い評価に裏打ちされているものであるが、この高見町の新館建設について、「学院セッツルメント　暁明館新築工事開始」という見出しで、『関西学院新聞』（一九三六年二月二〇日付）は次のように叙述している。

> 大正三年無宿労働者に対し簡易宿泊の便をあたんへ《ママ》為に創立せられた大阪暁明館は昭和六年学生セッツルメントとなり隣保部を兼設し、学院学生が之に参加してより六ヶ年になるが一ヶ年平均延二万二千人余人の労働者に宿泊保護を為し、尚一ヶ年延五八〇余名の託児を引受け、其の他勤労家庭青少年の学習、夏期学校、日曜学校、少年少女修養会、人事相談、職業紹介厚意授産等西大阪労働者街の文化の向上生活の改善に鋭意精進し現在に及んでゐるが、時代の要求は益々此種事業の拡張を必要とし、尚此上に近く実費診療部を併置し、一般大衆の医療保健衛生の徹底を期する計画であるが、現在の場所でば《ママ》面積狭隘建物不足の為宿泊部は現在の場所で継続し、別に社会事業の最必要性のある西淀川区伝法高見町に二三〇余坪の敷地を購入し、新築をなし、隣保、診療答《ママ》の諸事業を経営すべく先日地鎮式を行ひ起行《ママ》したが、同セッツルメントは建坪百三十坪、延坪二百三十坪の木製二階建であるが、様式はスパニッシュ、ミッション風な異国情緒たつぷりなもので外部はモルタル張り、費用は二万五千、七月中頃竣工の予定であるが同工事は大阪府立西野田職工学校建築科の設計施行になるものである。(25)

かなり精細に高見町新館の建設について言及されているが、要は、そのことにより新しい事業の展開の基礎がすえられたということであり、それは従来の事業の拡充に留まらず、地域住民の医療保健衛生の徹底を目ざす診療部の新設という内容を具備するものであった。更に、その翌年の六月には、内務省より財団法人の許可がおり、事業発展の基礎が愈々固められたといえるのである。

高見新館の建設により、事業内容も診療部を設けて新たに飛躍することになったが、その際、それまでの授産部、宗教部、隣保部の三部制を、医療保護事業（高見町）、宿泊経済保護事業（文徳町）、隣保事業（高見町と文徳町）の三本柱に再編している。この事情を、「関西学院セッツルメント　大阪暁明館紹介」というタイトルで、『関西学院新聞』（一九三八年二月二〇日付）は、欧米のセッツルメント運動の由来から解説し、大阪暁明館の簡略な歩みを叙述した後、現在担っている「主要事業」を次のようにまとめている。

主要事業

一、医療保護事業

◇診療部

科目　内科、外科、小児科、産婦人科、眼科等低廉なる料金を以て小額所得者、要治療者の診療をなすものにして国民健康保健上極めて緊急なる施設なり。

二、宿泊経済保護事業

◇勤労者ホーム

収容人員五十五名、男子勤労者にして修養向上自立の立志を有する者に対し一定期間の宿泊保護指導をなし、その志を達成せしむるを目的とす。

◇自由労働者更生訓練所
収容人員三十名、大阪府委託事業の一にして、自由労働者中より選抜収容し、此れをキリスト教主義を以て精神的経済的に教化指導し更生せしむるを目的とす。
三、隣保事業
◇教化事業
キリスト教主義による教化事業にして聖日礼拝、伝道会、日曜学校、宗教講演等を通じて労働者家庭教化の徹底を期する為精神運動をなす。
◇児童部
勉学の余暇に於ける付近学童の保護、指導、監督をなし以つて不良化を防止し健全なる第二国民たらしめんとするものなり。
◇学校部
収容人員六十名、労働者子弟に対し毎日珠算、簿記、英語、修身、裁縫、生け花等を教授指導し併せて職業補導紹介をなす。
◇保育部
労働者家庭の足手纏ひとなる幼児、環境不良の児童を受託保護し、同時にその家庭の生活改善、収入増加を計り、延いては隣保地区に於ける生活向上に貢献せんとするものである。
◇その他
キャムプ、児童遊園地、社交クラブ、趣味の会、慰安、体育、家庭訪問、授産、授業等の事業をなす。
▽理事　八名

▽職員及従業員　八名
▽特志協働者　　三〇名
（関西学院、ランバス女学院、神戸女子神学校）[26]

以上の叙述から、高見町の新館建設によって事業内容が大きく拡充して展開している模様の概要が、手にとるように理解できるが、当時職員として勤務していた西内潔は、その時分のことを次のように回顧している。

私が暁明館に勤務致しました当初は、高見町のセッツルメントが新しく設立された直後でありましたので、その事業並に設備の充実に微力を尽くしました。赴任早々、財団法人の許可をとり、従前の宿泊所、保育所の加うるに、保健所、妊産婦相談所、夜学（珠算、和洋裁）、各種クラブの増設、サンマーキャンプ、社会調査等諸先生方の御協力の下に実施すると共に、又理事者と違つた苦心を嘗めて、軽費診療所の許可をうけ、これが運営には医師、看護婦、薬品、宣伝等々、未知の問題で苦労をいたしました。[27]

このように大きく飛躍して展開した事業も、しかしながら、第二次世界大戦が始まり戦局が険しくなるにつれて、次第に衰退の一途を辿り、一時休止あるいは閉鎖を強いられることになる。そして、戦後最初に高見町の保育所が再開されたのは、一九四六（昭和二一）年九月のことであった。更に、その翌年の五月には、文徳町の事業所に大阪暁明館病院が誕生し、暁明館の戦後の歩みに新しい地平が拓かれたのである。

結び

以上、戦後の大阪暁明館病院の誕生に至るまでの暁明館の成立と変遷をめぐって、とりわけ、関西学院社会奉仕会の足跡を求めながら、歴史的な一考察を試みてきた。資料が限定されていたこともあり、不十分な考察のまま終始してきた思いが拭い切れないが、従来の学院史にはほとんど言及されることのなかった関西学院社会奉仕会の暁明館引き継ぎの経緯とその事業の展開というものを、暁明館の成立とその時代的背景とを併せて、多少なりとも歴史的に明らかにしたいというのが、本稿執筆のささやかな願いであった。

社会奉仕会の活動は、大学のセッツルメント運動として、確かに今日的視点からみれば、時代的な限界性を孕んだものであったといえる。がしかしながら、当時のスラム化した地域に対して未だ行政の対応が不十分であった時代の中で、疎外されて苦悩する人々に仕えようとして、労働者の宿泊・授産事業から出発し、幼児や子供たちの教育、家庭教育、宗教教育、さらには医療事業にいたるまでの事業プログラムを展開した社会奉仕会の貢献は、高く評価されるべきものであり、学院史の一齣として深く銘記される必要があると思われる。そして、その働きの担い手が元々は有志学生と教師によって構成され、ランバス女学院、神戸女子神学校などの協力という広がりをもった活動であったという点は重要であり、しかも、その幅広い働きを貫く基本理念が、本学の建学の精神“Mastery for Service”に他ならなかった点に、この働きの大きな意義を見い出すことができるのである。

[注]

(1) 本章は、一九九一年九月に千刈セミナーハウスで行われたキリスト教主義教育研究のセミナーで研究発表したものに、若干手を加えたものである。なお、資料面でご協力をいただいた大阪暁明館病院の元チャプレンの岡和夫先生、学院史資料室の長尾文雄氏に心より感謝を申し上げたい。

(2) 『二十周年記念暁明館の歩み』財団法人大阪暁明館、一九五一年、一一頁。

(3) 『明治大正大阪市史』清文堂、一九三三年、六八—六九頁。

(4) 杉原薫・玉井金五編『大正／大阪／スラム』新評論、一九八六年、九—一〇頁。

(5) 渡辺徹・木村敏男監修『大阪社会労働運動史（第一巻）戦前篇・上』有斐閣、一九八六年、四七七—四七九頁。

(6) 『大阪社会事業要覧』大阪府社会課、一九二〇年、五六頁以下参照。

(7) 『大阪市民生事業史』大阪市民生局、一九七八年、九九頁。

(8) 『大阪社会事業要覧』八五頁。

(9) 同書、八六—八七頁。

(10) 同書、三八二頁以降参照。

(11) 『大阪市民生事業史』一二〇頁以降参照。

(12) 「暁明館物語①」『暁明館便り』第一号、一九八六年、四頁。

(13) 『大阪市民生事業史』四頁。

(14) 「暁明館物語③」『暁明館便り』第三号、一九八六年、四頁。

(15) 「暁明館物語④」『暁明館便り』第四号）一九八六年、四頁。

(16) 広岡信貴知「思ひ出」『二十周年記念暁明館の歩み』二二頁。

(17) 「暁明館物語⑨」『暁明館便り』第九号、一九八七年、四頁。

(18) 神崎驥一「巻頭の辞」『商学評論』第十巻第二、三号、一九三一年一一月三日、三—四頁。

(19) 『関西学院新聞』第六四号、一九三一年五月二〇日、三頁。なお、「ルンペンプロレタリヤ」という表現は、今日問題ある表現であるが、歴史的資料として引用した。

(20)『関西学院新聞』第六五号、一九三一年六月二〇日、三頁。
(21)吉田久一『現代社会事業史研究』勁草書房、一九七九年、一三六―一三七頁。
(22)『明治学院百年史』明治学院、一九七七年、三五四―三五七頁。
(23)『関西学院新聞』第六八号、一九三一年九月二〇日、三頁。
(24)「暁明館物語⑭」『暁明館便り』第一五号、一九八八年、四頁。
(25)『関西学院新聞』第一二〇号、一九三六年二月二〇日、三頁。
(26)『関西学院新聞』第一四〇号、一九三八年二月二〇日、二頁。
(27)西内潔「活きた体験」『二十周年記念暁明館の歩み』三五頁。

COLUMN

千刈キャンプのアウターブリッジ・ホール

学院の千刈キャンプ場は、キリスト教を基にした野外活動教育と宗教教育を実践するという目的を掲げて、一九五五年六月三〇日にその開所式を行っています。最初に建てられたキャンプ施設は、開所当時の学院長の名前をとって、「アウターブリッジ・ホール」と命名されています。筆者は、約二〇年以上毎年八月に教会関係のキャンプで子どもたちと、アウターブリッジ・ホールを利用してきましたので、このホールには格別の愛着があります。

H・W・アウターブリッジ（H. W. Outerbridge 1886–1976）先生は、一九一〇年にカナダ・メソヂスト教会の宣教師として来日され、一九一二年に関西学院神学部教授に就任、一九三九年には法文学部長兼専門部長に就任されました。戦争のため一時帰国されましたが、戦後一九四七年に来日され、大学の学長に就任、一九五〇年に理事長、さらに一九五二年には復興した神学部の学部長に就任されました。そして一九五四年には第七代院長に就任され、一九五六年に定年で帰国するまで在任されました。学院の発展のために多くの重責を担われ、優れた指導者としてご尽力されました。

先生に親しく接した方々には、何よりも温か

H.W. アウターブリッジ先生

いオープンな人格者であり、学生や教職員にたいして親切な教育者であったと言われています。また、日本の文化を大変愛され、「外橋」と名前を漢字で表現しておられました。一方で、スポーツを愛され、特にラグビーを教えられたり、登山を楽しんだりされたようです。アウターブリッジ先生ご夫妻が、一九五六年に帰国される際、「最後に申しのこしたい言葉は、関学の伝統であるマスタリー・フォア・サービスをなくさないようにしてほしい」と、先生は呼びかけられ、帰国の途につかれました。

千刈キャンプが三〇周年を迎えた一九八五年に、先生の長男ラルフ・アウターブリッジさんが来日され、キャンプ場を訪問されました。そしてアウターブリッジ・ホールの前で、深い感慨をもって佇まれ、「私の父は自然が好きでした。この美しい自然に囲まれた、ペンキも何もぬっていないこのホールこそ父が一番喜ぶ記念物です」と涙を流して喜ばれたそうです。そして、何枚かのスナップ写真をとってキャンプセンターで一泊され、「私はバンクーバーまで帰る切符はありますから一万円だけあれば帰れます」と残金のすべて、一〇〇〇ドルをアウターブリッジ・ホールの維持のためにと寄附されて帰国されました。

開設当初のアウターブリッジ・ホール

第4章

戦前における関西学院神学部の教育と思想の特色
韓国からの留学生との関係で

はじめに

戦前において、関西学院神学部に韓国からの留学生が約七五名勉学している。二〇〇八—〇九年の二年にわたる共同研究に至るまでは、『関西学院事典』（二〇〇一年）において、筆者が朴大善、金龍玉、玄永学の三名を執筆し、また趙永哲氏が「洪顯卨」（『関西学院史紀要』（二〇〇六年）を執筆しただけであり、重要な調査・研究課題となっていた。(1)

「戦前における関西学院神学部の教育と思想の特色」ということで、最初に米国南メソヂスト監督教会による関西学院の創立に概括的に言及した後、韓国からの留学生が勉学した一九〇九年以降の期間を、⑴神戸市原田の森時代（一九〇九—二九年）と⑵西宮市上ケ原時代（一九二九—四三年）に区分して、それぞれの時期における神学教育と神学思想について叙述したい。

関西学院は、米国の南メソヂスト監督教会のＷ・Ｒ・ランバスによって一八八九年に神戸の原田の森で創立された。南メソヂスト監督教会は、日本での宣教を開始する以前には、中国の上海や蘇州を中心に医療宣教もふくめて宣教活動を展開していたが、一八八六年から新たに神戸を中心として西日本、特に瀬戸内海を中心として、「瀬戸内宣教圏」とも呼べる壮大な構想の下で宣教に着手した。日本における宣教師としてランバスの活動は、一八八六年から九一年までの四年間という短期間であったが、四つの学校と一三の教会の設立に関わり、大きな足跡を残した。その後、アメリカでの宣教局本部の仕事に携わり、一九一〇年には南メソヂスト監督教会の監督に就任し、アフリカやブラジルなどの宣教にも関わり、また一九一〇年にエディンバラで開催された現代のエキュメニカル運動の嚆矢と呼べる世界宣教会議でも指導的な役割と貢献を果たし、また朝鮮の宣教においても重要な働きを担っている。(2)

関西学院が神戸の原田の森で誕生して、初代院長にランバスが就任している。設立当初は、伝道者養成を目的とした神学部とキリスト教主義に基づく人間教育を目的とした普通学部だけの小さな学校であったが、興味深いのは、一九〇一年の宣教師レポートには、蘇州からの中国人学生が四名、神戸で亡命中の朴泳孝より派遣された朝鮮人学生が一一名神学部で勉学していることである。詳細は不明である。(3)

1　神戸の原田の森時代（一九〇九―一一九年）

(1)　神学教育の枠組みと韓国人留学生

神学部は、学院創立と共に誕生した最古の学部であるが、公的には一九〇八年九月に文部大臣より私立関西学院神学校として認可され、その翌年、学生に対する徴兵猶予の特典が与えられ、神学部は初めて市民権を得る。

神学部の教育と研究に大きな飛躍と展開がもたらされたのは、一九一〇年にカナダ・メソヂスト教会が関西学院の経営に共同参与することになって以降である。カナダ・メソヂスト教会は、一八七三年以降東京や静岡、長野、山梨などで宣教活動を展開し、東京に東洋英和学院を設立していた。しかしながら、一八九九年の文部省の「訓令一二号」の圧力に抵抗しきれず、男子校だけがキリスト教主義教育を取りやめたことにより、カナダ・メソヂスト教会は、南メソヂスト監督教会の呼びかけもあり、一九一〇年に関西学院の共同経営に参与したのである。このような共同経営への参与の背景には、一九〇七年に、日本における主要なメソヂスト教会三派が合同して「日本メソヂスト教会」が設立されたこと、またカナダ・メソヂスト教会が本国においてエキュメニカルな「カナダ合同教会」（一九二五年成立）に向けて長老派教会、会衆派教会と合同協議会を開始していたという、カナダ・メソヂスト教会の強いエキュメニカルな性格が指摘できるであろう。

このようなカナダ・メソヂスト教会の共同経営への参与によって、関西学院の財政基盤が強化されて、一九一二年に専用校舎の神学館が竣工されて以降、次々に見事なヴォーリズ設計の教育施設が拡充・新築され、当時神戸で最も美しいと称賛される教育施設の建築群が立ち並ぶことになる。また、教育・研究面においても、学術的にレベルが高く、リベラルな学風が導入され、ベーツ、アウターブリッジなどの宣教師だけでなく、東京時代の人脈から東京帝国大学出身の新明正道、河上丈太郎（後の社会党の十字架委員長）、松沢兼人（後の社会党議員）などの優れたキリスト者の社会科学者などが教授として招かれた。このようなカナダ・メソヂスト教会の共同経営により、神学教育の教育施設面での充実とリベラルな学問的視野がもたらされたといえる。

この時期の韓国の留学生は、後掲の資料のように、三二名（一八九〇年の三名含）の入学者を数え、その中でも独立運動家として著名な金智煥（南監理、一九一三年入学、五山学校、三一独立運動参与・投獄、独立遺功建国勲章受与）、韓錫源（美監理、一九一三年入学、神社参拝反対闘争）、宋昌根（長老教、一九二四年入学、修養同友会事件）などが在籍している。

（2）神学教育の特色

この時代の神学部の教授陣と担当科目は以下のとおりである。

J・C・C・ニュートン（一八八九年就任）宗教哲学、倫理学、日曜学校教育学
T・H・ヘーデン（一八九六年就任）新約ギリシャ語、新約入門（概論）と釈義
C・J・L・ベーツ（一九一〇年就任）組織神学、哲学、社会学
W・J・M・クラッグ（一九一三年就任）旧約概論と釈義
H・W・アウターブリッジ（一九一七年就任）組織神学、有神論
H・P・ジョーンズ（一九二二年就任）基督教教育学
蘆田慶治（一九〇二年就任）哲学、組織神学
松本益吉（一九〇二年就任）聖書歴史、新約釈義、聖書神学、社会学
吉崎彦一（一九〇五年就任）新約ギリシャ語、新約概論と釈義
青木澄十郎（一九〇七年就任）旧約概論と釈義、ヘブライ語
田中義弘（一九〇八年就任）説教学、牧会学
曾木銀次郎（一九一〇年就任）教会史
窪田学三（一九一八年就任）旧約緒論及び釈義

その他、多くの講師が科目を担当しているが、これらの教授・講師の多くは、アメリカやカナダ、あるいは英国の著名な大学で留学をし、学位を取得している。

専門的高等教育機関としての神学部は、本科（五年）と専攻科（一年）、そして別科（三年）に分かれる。神学部本科の主要専門科目として、以下があげられる。[4]

第一学年　聖書歴史（旧新約および中間時代）、概要研究（聖書各巻、聖書地誌）、心理学、英語、国語・漢文、基督教徒経験及聖徒言行ノ研究、音楽：週二〇時間。

第二学年　新約書―緒論及釈義（マルコ伝）、旧約書―緒論及釈義（創世記）、実践神学―日曜学校歴史及教授法、論理学、哲学概論、社会学、英語―英訳聖書訳解及大家詩文、ギリシャ語、音楽―讃美歌学：週一九時間。

第三学年　新約書―緒論及釈義（共観福音書、使徒行伝）、旧約書―緒論及釈義（五経、歴史書）、教会史（伝道史を含む、宗教改革時代迄）、実践神学―説教学、哲学史、ギリシャ語、音楽：週一九時間。

第四学年　新約書―緒論及釈義（コリント前書、ヘブライ書等）、旧約書―緒論及釈義（予言書）、教会史（伝道史を含む、宗教改革時代、近代史、メソヂスト史）、組織神学、旧約聖書神学、基督教倫理学、ギリシャ語：週二〇時間。

第五学年　新約書―緒論及釈義（ヨハネ伝、ヨハネ書、黙示録）、旧約書―緒論及釈義（詩篇）、有神論、宗教哲学、新約聖書神学、実践神学―教会政治学・牧会学・条例、比較宗教学、ヘブライ語：週一九時間。

以上のような一九一〇年当初のカリキュラムにみられる神学教育の第一の特色は、旧約聖書神学、新約聖書神学、歴史神学、組織神学、実践神学の五部門を基本としてカリキュラム全体が構成されているという点である。このような特色は、一八八九年の創立当初の英文カリキュラムにおいても見いだされる特色である。第二の特色は、とりわけ旧約及び新約聖書学に大きな比重が置かれている点である。第一学年から第五学年に至るまで、聖書歴史、概要研究、旧約及び新約の緒論と釈義、旧約・新約聖書神学、そして聖書の古典語と一貫して聖書学関連科目が構成され、神学教育の重要な特色となっている。

第三の特色は、神学部は他教派にも開かれているが、基本的には日本メソヂスト教会の伝道者養成機関として、実践神学関連科目を重要視している点である。基督教徒経験及聖徒言行ノ研究、日曜学校歴史及教授法、讃美歌学、説教学、教会政治学・牧会学・条例などの実践神学関連科目が、学年ごとに系統だてて配置されている点は、重要な特色である。そして第四の特色は、メソヂストの日曜学校運動の伝統を継承し、宗教教育を重視している点である。学則にも、すべての神学生は、週二回日曜学校教育学のクラスに出席するだけでなく、指定された教会、チャペル、日曜学校において手伝いをしなければならないと、教会での実践的訓練が明記されている。特に、一九一八年には米国のハミル氏の指定献金によりハミル館が建造され、日本メソヂスト教会の日曜学校教師養成所として開校し、わけても別科の学生にとっては重要な意味をもっていたのである。その際、神学部の卒業生で講師も務めていた三戸吉太郎が、日本メソヂスト教会日曜学校局局長として教師養成所の中心的指導を担ったのである。(5)

(3)　神学思想の特色

一九〇七年に日本メソヂスト教会が成立したことを反映して、一九一四年に青山学院神学部と関西学院神学部が共同で学術紀要『神学評論』(年四回)を発行し、一九四〇年までの二六年間にわたって、両神学部の教授陣を中心として研究成果を共同で刊行してきたものである。執筆者は、両神学部の関係者だけでなく、エキュメニカルで多様な広がりを見せ、また海外の学会や新刊紹介なども織り込み、日本の神学会全体に貢献した意義は大きいといえる。

まず注目したいのは、カナダ・メソヂスト教会派遣の宣教師たちが、南メソヂスト監督教会には欠けていたよりブロードでリベラルな神学思想の広がりをもたらしたことであり、例えば、C・J・L・ベーツの思想があげられる。ベーツは、後に学院の第四代院長として、また初代学長として教育行政に大きな貢献を果たしたが、同時に赴任した初期には神学部の組織神学などを担当した。ベーツの神学的な立場は、時代からの思想的、宗教的問いかけを誠実に受け止め、その積極的内容を評価しつつ、それと批判的に対話して、キリスト教の立場から応答しようとする、ティリッヒの神学を思わせる弁証論的な神学的立場といえる。『神学評論』に掲載された、オイケンやベルグソンの〈生の哲学〉との対話を試みた「生としての基督教」、また当時としては挑戦的であったニーチェの哲学との対話を展開した「ニイチェ乎基督乎」、あるいはインドの壮大な宗教詩人タゴールと対話を試みた「タゴールの宗教」などの論文は注目すべきである。(6) また、空海が開いた真言密教の総本山である高野山大学と学術交流に着手していることも、まだ宗教間対話が余り言われていなかった時代では画期的なことといえる。さらに、ベーツは賀川豊彦の働きと思想に早くから注目し、英文で海外に紹介したり、学院の講演会などに招いていたことも、彼のブロードでリベラルな思想が反映しているのである。なお、賀川豊彦が下層社会で伝道した地域が、原田の森の校舎から比較的遠くない距離にあったことから、賀川自身も何度も講演や図書館利用で学院を訪れているし、また神学生もボランティアとして賀川の働きに関わっている。

次に新約聖書学者の松本益吉であるが、彼は、一八九六年に渡米、アズベリー（後に神学博士学位）、ヴァンダビルト、イェールの諸大学で学び、一九〇二年に帰国と同時に神学部教授に就任して新約釈義、聖書神学、社会学を講じる。国際連盟協会・日米協会の幹部として国際親善にも尽力している。一九二五年に逝去した後、新約聖書神学の講義録が編纂されて著書『新約聖書神学』が刊行された。[7] 新約聖書の歴史批判的方法を駆使しつつ、それぞれの発展段階における神学の考察を行い、イエスの教説、使徒の教説、パウロ神学、ヘブライ書神学、黙示録の神学、ヨハネ神学と、全体で六篇の構成で三二〇頁の内容となっている。一九一〇年代から二〇年代にかけての時代にあって、これだけの内容の新約学的貢献は注目に値するであろう。

その他、一九一九年の三一独立運動に対する総督府の弾圧に数少ない批判的発言を行い、また総督府の光化門破壊をペン一本で守った柳宗悦が、『神学評論』に「宗教の究竟性と科学」（一九二一年五月）や「歴史と宗教」（一九二二年一〇月）といった宗教哲学に関する論文を寄稿し、また一九二六―二九年にかけては文学部講師として英文学特殊講義を講義していたことも銘記されるべきであろう。柳宗悦が、論文の寄稿や講義を行っていた時期は、ソウルの日本メソヂスト教会の会員であった浅川伯教・巧兄弟や韓国のＹＭＣＡなどとの協力関係でソウルに朝鮮民族美術館を設立（一九二四年）するために尽力していた時期でもあったのである。[8]

2　西宮の上ケ原時代（一九二九―四三年）

（1）神学教育の枠組みと韓国人留学生

一九二九年、関西学院は神戸市の原田の森から同じ兵庫県の西宮市の上ケ原に移転してきた。この移転をめぐってはさまざまの困難な状況があったが、特に大学昇格という将来的発展の展望を見据えての大きな決断であった。新キャンパスの全体および各校舎の設計はＷ・Ｍ・ヴォーリズによる見事なもので、一九二九年二月に完成し、創立四〇周年にあたる九月二八日に新キャンパス落成祝賀式が行われた。キャンパスは甲山山麓の上ケ原台地に展開し、甲山頂上の三角点と通称芝川通りの中心線とを結ぶ直線を軸線に定め、正門、中央芝生、時計台頂点をその線上に位置づけた。その線の右手に宗教館、神学部、文学部（後に大学法文学部）など理念的な意味を担う建物を、左手に学院本部、中央講堂、高等商業学部（後に大学商経学部）など実際的な意味を担う建物を配置し、左右対称に設計され、スパニッシュ・ミッション・スタイルによって統一感が与えられた。

なお大学昇格については、一九三二年四月大学法文学部への進学コースと商経学部への進学コースからなる二年制の大学予科が開設され、入学生は二年後大学の両学部に進学した。神戸市原田の森以来実に十有余年にわたる学生・教職員による大学昇格運動がようやくここに結実したのである。一九三四年に開設された大学の法文学部には文学科と法学科、商経学部には商業学科と経済学科が設けられた。

西宮市の上ケ原に移転し以降、一九四三年五月にいたるまでの時期に韓国人留学生は四三名を数え、その内戦時下での入学者は八名であった。この時期に、神学部で学んだ留学生として、例えば、独立運動家の李浩杉（イエス教会、一九三六年入学）や聖書の根本主義的理解に反するとして長老会の聖書異端審問に問われた金春培（長老教、一九二九年入学）及び金英珠（長老教、一九三〇年入学）などが在籍している。あるいはまた、後に監理教神学大学の学長をも務めた神学者の洪顕禼（南監理、一九三三年入学）や金龍玉（南監理、一九四〇年入学）、さらには民衆神学者として著名な梨花女子大学教授の玄永学（長老教、一九三八年入学）や延世大学総長として延世大学の発展に大きく貢献した朴大善（南監理、一九四〇年入学）などが学んでいる。

上ケ原キャンパスでの留学当時のことを振り返って、例えば、金龍玉は、「学内の雰囲気は、そう一口でいえば、自由主義的な、さきもお話しりましたけど、非常に活発で、周囲の景色も美しい、ある意味で非常にロマンチックな雰囲気だということですね。静かで、敬虔で、それから人間関係でもなごやかといいましょうか、そういう雰囲気は、非常にキリスト教的な影響を与えたんじゃないかと思う」と語っている。[9] また中学部、予科、法文、神学部と十数年関西学院で過ごした朴大善は、「当時、関西学院には韓国人同胞も多かったが、総じてよく勉強できたと思う。学院内は民主的なルールが守られており、級長は生徒の投票により選挙されていた。成績が一番であったことも手伝ってクラスメートは私を級長に選んでいた。……私が関西学院生活の中で今も、ありありと思い出されるのは、ベーツ先生をはじめとする諸先生方のチャペル・アワーでの様子であり、ヘレン・ケラー女史や、ジョン・R・モットー師等の著名な人びとによる講演会でのことだ。若い頃にこれらのよき時間を持てたことがその後、幾度私を励まし働かせる力となったであろうか」と、上ケ原キャンパスでの有意義な留学時代を回顧している。[10]

（2） 神学教育の特色

この時代の神学部の教授陣と担当科目は以下のとおりである。

T・H・ヘーデン　新約緒論及釈義
W・J・M・クラッグ　旧約釈義、アポクリファ
H・W・アウターブリッジ　新約神学、組織神学、有神論、比較宗教学
H・P・ジョーンズ　社会学、基督教倫理学
窪田学三　旧約緒論及釈義、旧約神学
松田明三郎（一九二七年就任）　旧約釈義、ヘブライ語

松下績雄（一九二三年就任）　新約釈義、ギリシャ語
原野駿雄（一九二七年就任）　新約緒論及び釈義、新約聖書神学
曾木銀次郎　教会史
堀　峯橋（一九二〇年就任）　教会政治学、牧会学、條例
亀徳一雄（一九二一年就任）　宗教教育学、児童心理学

その他、多くの講師が科目を担当しているが、これらの教授・講師の多くは、アメリカやカナダ、あるいは英国の著名な大学で留学をし、学位を取得している。

専門学校令に基づく伝道者養成機関としての神学部は、時代の進展にともない、従来の「別科」学科課程を一九三三年三月をもって廃止し、同年四月より神学部を予科、本科、専攻科とすると定めた。予科（修業年限二か年、中学校卒業者）での履修科目は、英語、国語、歴史、哲学、社会学、教育学、科学概論、聖書概要研究などのほか、国民道徳や選択外国語（英語、ギリシャ語、ヘブル語、ドイツ語のうちから一語を履修）が含まれる。また、本科（修業年限三か年、予科修了者）の主要カリキュラム、履修学年は以下のとおりである。

第一学年　旧約書緒論・釈義、新約書緒論・釈義、教会史・教理史、哲学史、倫理学、東洋思想史、宗教教育、説教学・説教演習、都市問題、選択外国語、体操：週二五時間。

第二学年　旧約書緒論・釈義、新約書緒論・釈義、旧約聖書神学、教会史・教理史、組織神学・宗教哲学、旧約聖書神学、宗教史、宗教教育、説教学・説教演習、教会政治学、農村問題、体操：二四時間。

第三学年　旧約書緒論・釈義、新約書緒論・釈義、教会史・教理史、日本基督教史・外国伝道史、神学・宗教哲学主要問題研究、新約聖書神学、時代思潮、牧会学、研究演習、体操：二三時間。

なお、選択科目として、聖書緒論及釈義、新約聖書主要問題研究、旧約聖書主要問題研究、神学・宗教哲学各主要問題研究、近代神学思潮、メソヂスト教会史、プロテスタント宗教改革、欧州モダニズム勃興、近代における旧教と新教、教会における諸制度の沿革、宗教教育プログラム、大人の宗教教育、宗教教育史、農村と教会、応用社会学、農村社会経済問題、聖書の社会的教訓、都市社会の諸問題、社会心理学、など二〇科目から二学年において毎学期二時間、三学年は同じく五時間選択して履修することとなっている。(11)

以上のような一九三三年のカリキュラムにみられる神学教育の特色としては、旧約聖書神学、新約聖書神学、歴史神学、組織神学、実践神学の五部門を基本としてカリキュラム全体が構成され、特に旧約及び新約聖書学に大きな比重が置かれている点、神学部は他教派にも開かれているが、基本的には日本メソヂスト教会の伝道者養成機関として、実践神学関連科目を重要視している点で、原田の森時代と大きく変わってはいない。

特徴的なカリキュラムの変化といえば、例えば、歴史神学において日本基督教史・外国伝道史の科目が加わったことであろう。また実践神学関連科目として着目すべき特色は、都市宣教と共に農村宣教に関わる科目が、農村問題、農村と教会、農村社会経済問題と充実したことである。この背景には、一九二八年のエルサレムにおける世界宣教会議で農村宣教に大きな焦点が当てられたということもあるが、カナダ・メソヂスト教会（カナダ合同教会）がもともと農村宣教に重点を置いていたことがあげられる。このような農村宣教に関わる問題をめぐっては、一九三七年に神学部を会場として大きなセミナーが開催され、日本農業の特質、農村社会事業、農村に於ける児童問題、農村教会の自給の問題などをめぐって論議され、全国各地で農民福音学校を展開してきた賀川豊彦も「農村文化と精神文化」と題して講演している。[12]

もう一つの特色は、学則において、本科生は各学年を通じて毎週一回日曜学校師範科講義に出席し、各学年を通じて学部指定の教会、講義所、若しくは日曜学校において実地伝道に従事しなければならないと、実践的訓練が明記されている点である。そして興味深いのは、卒業生の地方伝道旅行についてであり、例えば、一九三二年六―七月にかけて、教授が一人引率し、約一〇日間、九州六県を訪問し、総計三三教会の日本メソヂスト教会の礼拝で説教を行い、教会の方々と交わるという内容の伝道旅行である。[13]

（3）神学思想の特色

上ケ原に移転して以降の神学的動向として、『神学評論』を概観するかぎり、まず一九三〇年代初めころからK・バルトやE・ブルンナーなどの弁証法神学、あるいはP・ティリッヒの著書が紹介され、批判的対話が試みられたりしてきたことである。すなわち、それまでのアメリカや英国の英語圏の神学だけではなく、ドイツ語圏の神学の動向が紹介されてきたということである。ただこの時期では、バルト神学を中心とした弁証法神学について本格的に論じるという段階ではなく、さまざまの局面で話題になったといえる。

この時期、『神学評論』でJ・ウェスレーとメソヂズムに関する特集が何度か組まれていることは注目すべきことである。勿論、青山学院と関西学院の両神学部にとってウェスレーの神学やメソヂズムの思想は重要な基盤をなすものであり、『神学評論』でも折に触れて論文が掲載されてきている。そのなかで、第一五巻第三号、第二三年夏季号、第二五年夏季号の三回、J・ウェスレーとメソヂズムに関する特集が組まれている。[14] 特に、第二三年夏季号、第二五年夏季号の特集の背景には、他教派との合同協議が進展する中で自らの教派の独自性を検証するという側面をもっているように思われる。

神学思想の特色としてもう一つ注目したいのは、聖書学の動向であり、ここでは旧約聖書学の松田明三郎と新約聖書学の松下績雄をとりあげたい。まず旧約聖書学の松田明三郎（一八九四―一九七五年）であるが、松田は、神学部を卒業後、エモリー大学、ノース・ウエスタン大学神学部に留学して旧約聖書学を専攻し、一九二七年に神学部教授に就任している。著書に『旧約の詩人と預言者』（日本基督教興文協会、一九二五年）、『旧約聖書研究――発展的に見たる旧約文学』（日本メソヂスト日曜学校局、一九三四年）などがある。

松田は、『旧約聖書研究――発展的に見たる旧約文学』において、旧約聖書の研究方法について、「われわれが、眞に聖書の真理を理解しやうと欲するならば、その時代の背景や、書かれた時代の社会事情や、その書かれた目的等を研究して読みかからなければならない。而してこれは所謂聖書の歴史的文学的批評である。しかし他面に於いてわれわれは、歴史的文学的批評のみを高潮して、聖書の眞の目的を見る眼を」重視しなければならず、「信仰と敬虔の念とを持ってこれが研究に当たらなければならないことは云うまでもない」[15]と叙述している。著書全体は、序言、旧約文学の起源及び連合王国時代の文学、分裂王国時代の歴史文学及び物語文学、第八世紀の預言文学――アッシリヤ時代の預言者達、申命記の発見より俘囚時代まで、俘囚時代の文学、俘囚時代以後に於ける預言文学及び祭司文学、智慧文学、詩篇及び雅歌、俘囚時代以後に於ける物語文学及び黙示文学、聖典としての旧約聖書の発展及び伝承と翻譯、と十章にわたって旧約聖書の文学的発展について描写されているのである。

次に新約聖書学の松下績雄（一八九〇―一九六三年）は、神学部卒業後、諸教会で牧会後、一九一五年のヴァンダビルト大学神学部に留学してM.A.を取得し、一九二三年に神学部教授となり新約釈義、ギリシャ語を担当している。著書として、『新約聖書研究』（日本メソヂスト日曜学校局、一九三一年）、『新約聖書の背景』（日独書院、一九三五年）などがあげられる。松下は、論文「近代に於ける新約学の諸問題」において、「新約書の適正なる理解のためには、歴史的研究より始め、本文批評及高等批評を経て聖書の註解と解説に入り、而して新約神学に於て歴史的なるものと神学的なるものとの統合調和に進むべきである。そのためには発掘発見への努力、ギリシャ語による原典の研究、古代の思想、宗教、社会等の研究による新約各巻の歴史的背景の開明、而して神学的思索と信仰的洞察による総合的意義の発見に努力しなければならぬ」[16]と、歴史的事実と信仰による理解の二要素を重視している。そして、このような方法論によって叙述された『新約聖書研究』の全体的構成は、序言、新約聖書の起源及編成、新約聖書の翻譯、新約聖書の一般思想、共観福音書（上）――マルコ伝及マタイ伝、共観福音書（下）――ルカ伝及使徒行伝、パウロの手紙（上）、パウロの手紙（下）、教会書簡及ヘブル書、公同書簡、ヨハネ文学、と十章から構成されている。松下は、この著書の初めに、聖書の逐語靈感説に言及して、「此の説は初代から中世を通じて一般に認容せられた説であるが、近代に至って歴史的批評的研究方法が聖書研究に取り容れられて以来かかる説は一般に顧みられない状態となった。勿論近代の学者と、一般的意義に於いて聖書の靈感を信じ特にその霊的、倫理的能力に神の靈感を認むるけれども、聖書の起源というような歴史的問題に対しては自ら歴史的解答を与えんとするのである」[17]と、批判的に述べている。

聖書学においては、旧約の松田と新約の松下、両者とも歴史批判的研究を重視しつつテキストの神学的解釈をめざす研究方法は共通しており、その意味で逐語靈感説に対する批判的な姿勢が貫かれているのである。

最後に戦時下の神学部について言及すれば、一九四一年に宗教団体法の要請により、日本基督教団が成立し、専門学校としての神学校、神学部は統合されゆく運命を辿るのである。正式には、一九四二年の教団総会において日本西部神学校へと統合の要請があり、神学部閉鎖の決議を強いられることになる。一九四三年に関学理事会で、五カ年、神学部の校舎を日本西部神学校に使用の許可を与えることを承認するが、実質的にこの段階で神学部閉鎖を決議したのである。

一九四三年五月までの戦時下において、神学部は大変厳しい試練の時を迎えることになるが、その間、特高資料によれば、一九四二年に神学部学生の平野嗣夫がその反戦的な通信内容で厳しい取り調べを受けている。[18]また一九四三年には、自由主義的な学長の神崎驥一が、不敬、反戦等の疑いでマークされているのである。[19]

韓国からの留学生数は、戦争に向かうころから急増しているが、特に戦争を境に自由主義的な学院の雰囲気が一変する模様について、玄永学は次のように述べている。

三八年、三九年、四〇年、あの頃まで、関西学院にはだいぶ自由主義的な雰囲気がありました。僕達、韓国の学生も何でも言えたんですね。ところが四一年、四二年、四三年になりますと、政府の圧力や軍国主義的な傾向が強くなりまして、色いろなことがありました。それで僕は関西学院ですごした前半が、とても幸福だったんです。その自由主義的な傾向のお蔭でね。ところが後半にきてからとても悲惨といいますか惨めだったんです。[20]

結び

以上、「戦前における関西学院神学部の教育と思想の特色」という主題で、１　神戸の原田の森時代（一九〇九—二九年）、２　西宮の上ケ原時代（一九二九—四三年）と、西宮への移転を境に時代区分して、それぞれの時代における神学教育の枠組みと韓国人留学生、神学教育の特色、そして神学思想の特色について叙述してきた。

関西学院の伝統の背景をなすメソジストの指標として、私見によれば、霊性（Spirituality）、広義の伝道（Evangelism）、教育（Education）、社会的関心・行動（Social Concern/Action）、そしてエキュメニズム（Ecumenism）の五つをあげることができる。これらの指標は、ジョン・ウェスレーの思想と実践から導き出されるだけではなく、W・R・ランバスやC・J・L・ベーツの思想と行動、さらには原田の森時代及び上ケ原時代における神学教育と神学思想にも貫流しているものといえるであろう。そしてこれらの指標は、これからの神学教育にとっても重要な意味をもつものと思われるのである。

[注]

＊二〇〇八年以降、戦前における韓国のメソヂスト教会の神学形成に与えた日本神学の影響をめぐって、韓国の監理教神学大学教授の李徳周氏との共同研究を行ってきた。そして二〇一三年九月、韓国の監理教神学大学創立一二六周記念に際して、同志社大学神学部教授の原誠氏も加わり、「初期における韓国のメソヂスト教会の神学形成に与えた日本神学の影響」と題するシンポジウムにおいて、筆者が、「戦前における関西学院神学部の神学教育と神学思想の傾向」という題目で発表した内容に、若干の訂正を加えたのが本章である。

（1）神田健次「朴大善、金龍玉、玄永学」（『関西学院事典』関西学院、二〇〇一年）、趙永哲「洪顯禼」（『関西学院史紀要』一二号、二〇〇六年）を参照。

（2）神田健次「ウォルター・R・ランバスの瀬戸内伝道圏構想」（『関西学院史紀要』第一一号、二〇〇五年三月）、「草創期のエキュメニカル運動とW・R・ランバス」（『関西学院史紀要』第一八号、二〇一二年三月）を参照。

（3）『関西学院百年史　資料編Ⅰ』関西学院、一九九四年、五八五頁。

（4）『関西学院百年史　資料編Ⅰ』関西学院、一九九四年、一一四―一一五頁。

（5）『関西学院百年史　通史編Ⅰ』関西学院、一九九七年、四〇六―四〇七頁。
（6）ベーツが『神学評論』に寄稿した論文「生としての基督教」（第一巻第一号、一九一四年一月）、「ニイチェ乎基督乎」（第二巻第二号、一九一五年四月）、「タゴールの宗教」（第三巻第四号、一九一六年）。
（7）松本益吉『新約聖書神学』十光社、一九三五年。
（8）神田健次「光化門を守った日本人――柳宗悦と日本人キリスト者たち」韓国監理教神学大学紀要『神学と世界』二〇〇七年一二月。
（9）『クレセント』No.5、一九七九年九月。
（10）同上。
（11）「専門部学則改訂認可申請書」『関西学院百年史　資料編Ⅰ』一九九三年、二三二―二三五頁。
（12）『神学評論』第二五年春季号、一九三八年三月。
（13）『神学会雑誌』一九三三年三月。
（14）『神学評論』（第一五巻第三号、一九二八年一二月）（第二三年夏季号、一九三六年八月）（第二五年夏季号、一九三八年五月）。
（15）松田明三郎『旧約聖書研究――発展的に見たる旧約文学』日本メソヂスト日曜学校局、一九三四年、序言一―二頁。
（16）松下績雄「近代に於ける新約学の諸問題」『神学評論』関西学院五〇周年神学評論記念論集、一九三八年一〇月、一〇頁。
（17）松下績雄『新約聖書研究』日本メソヂスト日曜学校局、一九三一年、一頁。
（18）『特高資料による戦時下のキリスト教運動　二』新教出版社、一九七二年、一五二―一五三頁。
（19）『特高資料による戦時下のキリスト教運動　三』新教出版社、一九七三年、四七―五〇頁。
（20）『クレセント』No.5、一九七九年。

別表　韓国人留学生名簿

在學年度	監理敎		長老敎	其他	未詳
	南監理	美監理			
1890					曹錫根 曹福根 南貞三
1910	劉敬相				
1911				裵善杓(聖潔敎會)	
1913	韓石澮 金智煥	韓錫源			
1914					金義衡(在學中 別姓)
1916	金亨植		羅樞建		
1917	李基淵				
1918	金鐘萬 全珍珪				禹相用 金洛九
1921	高在鳳				具滋元 李重煥
1922					金顯台
1924	金鐘弼 姜明錫		宋昌根		
1925		鄭登雲			孫昌松
1927	柳曾韶		李泰俊 玄垣國		崔馬太 張達元
1928	李龍九(在學中 別姓)	鄭達斌			
1929	張基洙 金英哲		金春培		李炯在
1930			金英珠		朴泰鎭 朴萬植
1933	洪顯卨 李昌鎬				
1934	趙華哲				
1935	盧義善				
1936	朴子英 韓世弘			李浩彬(예수敎會)	
1937	金靈淳 邊宗浩		嚴堯燮	韓俊明(예수敎會)	金永雲
1938	金容鍊 張約翰		玄永學 金千培		金耀信
1939	崔慶云		李如眞		趙民夏 金殷泰 張永昌
1940	金龍玉 朴大善		都良述		池殷圭 陳文源 車閏福
1941					南幸一
1942					方山祥植 金城善太郎 宋村文雄
1943					文村基成 星村徹南 牧虎順鳳 安田貴恒

李徳周「関西学院神学部の韓国人学生の牧会と神学活動」『関西学院史紀要』（第 15 号、2009 年、9 頁）を参照。

COLUMN

ハクモクレンの咲くころ　震災の記憶

二〇一三年の一月九日（水）、ランバス記念礼拝堂において阪神・淡路大震災で亡くなられた犠牲者、わけても学院の犠牲者の方々を想い起こす追悼記念礼拝が行われました。早いもので、今回で一八回目の追悼礼拝です。今年は、阪神・淡路大震災の犠牲者だけではなく、特に一昨年の東日本大震災と津波による犠牲者、及び原発事故による被災者のことをも心に刻み、併せて新たな被災地の復興を共に祈る記念礼拝でした。

一九九五年一月一七日に襲った阪神・淡路大震災は、六〇〇〇人以上の犠牲者をだしました。学院関係では、在学生が一五人（男子一二人、女子三人）、教職員・理事八人が倒壊した家屋や土砂崩れの下敷きとなって生命を奪われました。また同窓会の調査で判明しただけで、四二人の卒業生が逝去されました。多くの犠牲者、建物・設備関係の被害を受けた中で、ひとつの希望のしるしは、震災後、被災地域で多くのボランティアが活動し、被災者救援に大きな貢献をしたことでした。学院とその周辺においても、大学生、中学部・高等部の生徒、教職員、ならびに同窓、その他近隣住民など、広範囲の人々がボランティア活動に従事しました。「関西学院救援ボランティア委員会」がこれらの人々の結集点として組織され、その登録は二五〇〇人を超え、活動は広範囲にわたり社会的にも高い評価を受けました。この組織は、一九九五年四月一六日に「関西学院ヒューマンサービスセンター」として改組され、現在も多彩な活動を展開しています。また被災地にある大学として、二〇〇五年一月一七日には、よりよい災害復興制度を研究・提案する災害復興制度研究所が誕生し、今日まで重要な貢献を果たしてきています。

一〇年前の二〇〇三年一月一五日、大震災で犠牲になった学院関係者二三人を追悼する記念の植樹式が、厳かに執り行われました。その追悼記念植樹式は、被災地における植樹活動を展開している阪神・淡路震災復興支援一〇年委員会の「ひょうごグリーンネットワーク」(呼びかけ人代表・安藤忠雄氏)からハクモクレンを寄贈されたことで実現したものでした。「ひょうごグリーンネットワーク」は、一九九六年三月に、「被災地に緑を取り戻そう」という趣旨で、安藤忠雄氏、梅原猛氏、瀬戸内寂聴氏、利根川進氏ら八人の呼びかけにより発足し、インフラ整備が先行する被災地の緑化をバックアップし、緑豊かなまちづくりを進める活動に取り組んできていました。特に震災犠牲者の鎮魂の思いを込め、白い花の咲くコブシ、ハクモクレン、ハナミズキなどの植樹を進めてきていました。

植樹されたハクモクレン

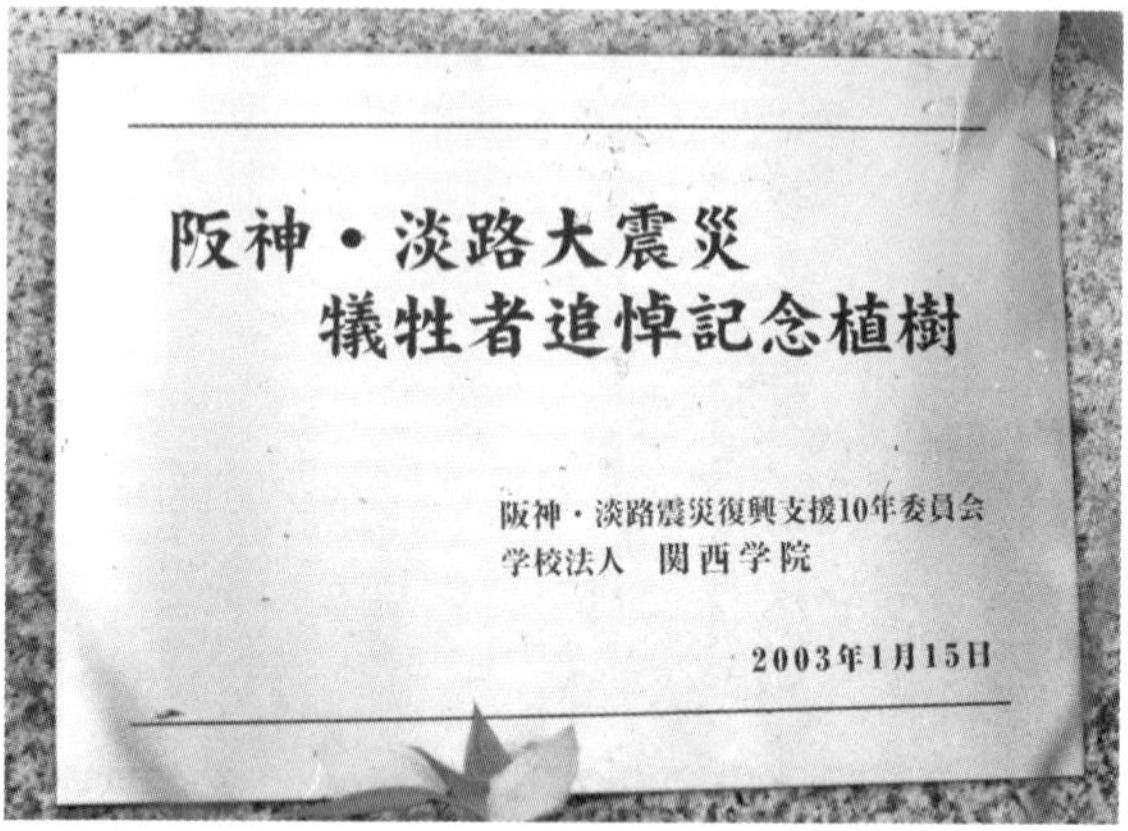

阪神・淡路大震災犠牲者追悼記念植樹プレート

小雪の舞う中、ランバス記念礼拝堂にて記念礼拝が行われ、一五〇人参加者一同が大震災の出来事に思いを馳せ、犠牲者を偲びました。その後、神学部校舎の北側で、震災犠牲者ご遺族をはじめ、安藤忠雄氏、山田知西宮市長、山内一郎院長、平松和夫学長がハクモクレンの苗木を学院関係犠牲者と同数の二三本を植樹し、「阪神・淡路大震災犠牲者追悼記念植樹」という植樹記念プレートも除幕されました。

植樹されたハクモクレンはそれぞれ大きく育ち、毎年三月頃に、白い可憐な花を咲かせています。ハクモクレンの花は、希望の象徴であるかのように、上向きで天に向かって咲き、大きく、上品で優雅な感じがします。冬の終わりに白い花を咲かせて、もうすぐそこに春が来ていることを知らせてくれます。ハクモクレンの咲く頃、犠牲になられた方々を心に刻みながら、花を観賞してみてはいかがでしょうか。

第5章 世界宣教の系譜と戦後の神学部同窓

はじめに

私が関西学院大学神学部に就任して、早いものでもう三二年目になろうとしていますが、以前から海外で働いてこられた方々、世界宣教というようなカテゴリーで働いてこられた同窓の先生方の働きについて、一度、まとめることができないかと考えていました。今回、神学セミナーの機会に、このようなプログラムの枠組みで一緒に考える機会が与えられて感謝です。先ほどケンパー先生が語ってくださったような大きな宣教論的なスコープの中で、神学部の同窓の方々の具体的な働きについて紹介させていただくというのは、本当に光栄なことだと思っています。

今回の講演を準備する過程で、実際に海外へと宣教協力の担い手、宣教師として行かれた方々から直接お話を伺わせていただきました。先輩の方々の中にはすでに天に召された方もいらっしゃいますので、十分に網羅できないところも少なくないと思われますが、むしろそういうところは、いろいろと情報をいただいて、最終的に少しでもより詳細な記録として刻むことができれば大変ありがたいと思います。

最初に、世界宣教という考え方について、特に日本基督教団がどのように考えているかということについて考察したいと思います。その後、アメリカやカナダの日系教会に派遣された方々、またドイツとスイスなどヨーロッパの教会に派遣された方々の働きについて言及し、さらにアジアの教会へ派遣された方々の働き、そして韓国と台湾の教会からこの神学部で学ばれて、宣教師、宣教協力の担い手として働いておられる方々の働きを紹介し、最後に、そのような世界宣教の具体的な働きの宣教論的意義について述べたいと思います。

1　世界宣教の系譜

（1）欧米宣教から世界宣教へ

最初に、いわゆる欧米宣教（Western Mission）から世界宣教（World Mission）へと転換していく経緯についてです。T・ケンパー先生も紹介されたように、国際宣教協議会（ＩＭＣ）というエキュメニカルな宣教の潮流が重要です。一九一〇年に、現代のエキュメニカル運動の嚆矢ともいえる世界宣教会議がエディンバラにおいて行われました。それまでのさまざまの宣教のあり方、欧米中心の宣教というあり方に対して、一つの新しい方向を与えたものともいえます。

関西学院の創立者であるW・R・ランバス先生が、このエディンバラ宣教会議に準備段階から参与し、重要な貢献を果たしたことについては、これまであまり知られていませんでしたが、そのことについて論文を書く機会がありました（「草創期のエキュメニカル運動とW・R・ランバスの宣教思想」『関西学院史紀要』第一八号）。エディンバラ宣教会議の第二分科会「宣教地における教会」という、この会議全体でも非常に重要な分科会でしたが、そこで実質的なリーダーシップをとる副議長の役割を担われました。そしてその中で、それまで中国や日本で実際の宣教の現場で働きを展開され、このままの宣教のあり方では限界にきているのではないかということで、それぞれの宣教地にある教会の自立のために、その指導者を育成するためにはどうするかという、宣教する側と宣教される側との対等性というものを目指そうとする方向でずっと取り組んでおられたわけです。

エディンバラ宣教会議の後、一九二一年に国際宣教協議会（ＩＭＣ）が創設され、一九二八年にエルサレム、一九三八年にインドのタンバラム、一九四七年にカナダのホイットビー、それから一九五二年に「ミッシオ・デイ」（Missio Dei）が提唱されたヴィリンゲン、そして一九五八年にガーナと、計五回の世界宣教会議が開催されます。そして、インドのニューデリーで一九六一年に開かれた第三回世界教会協議会（ＷＣＣ）総会において、ＩＭＣはＷＣＣに合流し、ＷＣＣの世界宣教伝道委員会（ＣＷＭＥ）として新たなスタートを切ります。この年にＩＭＣがＷＣＣに合流した意義は大変重要であり、宣教というものは教会の一致なしにはありえないという基本的なコンセプトが生み出されています。このコンセプトは、いわゆる「ニューデリー原則」とも呼ばれ、欧米宣教から世界宣教へとパラダイムシフトしてゆくポイントといえると思います。

そして、ＷＣＣのＣＷＭＥとして、一九六三年にメキシコシティーでのＷＣＣの最初の世界宣教会議におけるテーマが Mission in/to six continents です。この in というところは、in であると同時に to、したがって原理的には、この時点から、欧米から一方的に派遣されるという考え方から、アジアからヨーロッパへ、アジアからアメリカにも交互に双方的に宣教交流が行われるというコンセプトが提示され、確認されました。

（２）日本基督教団の世界宣教の委員会と基本的見解

ところで、日本基督教団の世界宣教委員会はどのような組織になっているのでしょうか。

まず韓国協約委員会は、一九六七年に宣教協約を締結した（一九九二年に改定）韓国の大韓イエス長老会（PROK）、韓国基督教長老会（PCK）、そしてメソジストの基督教大韓監理会（KMC）の三教会との関係について取り扱っています。また、台湾協約委員会は、一九六三年に宣教協約を締結した（一九八五年に改定）台湾基督長老教会（PCT）との関係を、スイス協約委員会は、これは後で言及しますが、一九八八年に宣教協約を締結したスイス・プロテスタント教会連盟（SEK）との関係を取り扱っています。そして、国際関係委員会は、その他の教会、南西ドイツ福音主義教会世界宣教部（EMS）、あるいは二〇〇八年に宣教協約を締結したアメリカの長老教会と改革派教会などとの関係を扱っています。

さらに、宣教師人事委員会では、教団との関係で約八〇名の宣教師を受け入れていますが、その宣教師の方々を含めた人事に関わる事柄を扱い、そして宣教師支援委員会では、これも受け入れの宣教師の方々の活動を支援したり、宣教師会議を開催したりする働きを担っています。教団の世界宣教委員会には、以上のような六つの個別の委員会が所属し、それぞれの具体的な働きを担っているわけです。

ところで、教団は一九八四年に『世界宣教に関する基本的見解』というものを出したのですが、二一世紀になって世界情勢が大きく動いていく中で、新しく書き換える必要がある部分が出てきたということで、二〇〇二年には『世界宣教に関する基本的見解二』を新たに公にしています。例えば、共に働く宣教のパートナーというような理解のもとで、伝統的な宣教師という言い方を「宣教協力者」と呼ぶ試みが提示されたりしています。また、日本の教会が戦前、戦時下、アジアに対して侵略的な宣教に加担していく歴史がありますが、一九六七年に出された教団の戦争責任告白を世界宣教との関係で明確に強調しています。

その世界宣教の働きとは一体どのようなものでしょうか。一九八四年版の『基本的見解』に比べると、二項目追加されていることがわかります。特に阪神淡路大震災との関わりもあって、「災害時の緊急支援」や「国内他教派との協力一致及び一致への努力」ということが世界宣教の活動としてあげられています。それゆえ、海外での働きだけでなく、国内での日常的でエキュメニカルな一致と協力の取り組みも世界宣教の働きといえるわけです。

そして、世界宣教における宣教師の役割が「相互性、共同性、代表性」という言い方で表現されています。派遣する教会と派遣される教会相互の関係をベースにしているという意味で、相互性を持っているということ。また、宣教の働きが共同で担われるという意味で、共同性があるということ。そしてもう一つは、宣教師は派遣する教会を代表しているという意味で、代表性を持っていると規定されています。最後に、宣教師を派遣する場合の事柄、それから宣教師を迎える場合の事柄について、それぞれ留意すべき事柄がここにいくつか記されています。

2　北米の日系教会への派遣

（1）アメリカの日系教会への派遣

最初に、北米の教会、特に日系教会への派遣についてですが、関西学院はアメリカの南メソヂスト監督教会との関連でスタートし、そして一九一〇年からカナダ・メソヂスト教会がジョイントして大きく展開したということで、もともと創立からはアメリカと、その後、カナダの教会が関西学院と深い繋がりを保ってきたという歴史があります。そのため、当初から、神学部を卒業された先輩たちがアメリカの特に日系教会の働きを担ってきておられます。

戦前の一九三三年に神学部を卒業された島田重雄師（牧師の略称）は、ワシントン州スポーケン市にあるアメリカの合同メソジスト（ＵＭＣ）の日系教会で宣教の働きを担われました。西宮市とスポーケン市とは姉妹都市の関係を結んでいますが、そのきっかけをつくったのが島田師です。島田師は、長年アメリカで宣教活動を推進してこられたその記録を『北米の地に御声は響く』（一九七一年）という本にまとめられました。それから、神学部を一九三四年に卒業された堀越吉一師は、サンフランシスコの近辺にある合同メソジストの日系教会で宣教の活動をしておられました。

戦後の神学部を卒業された方に、賀川豊彦先生の娘で籾井梅子（旧姓・賀川梅子）師がおられます。一九四九年に、当時の文学部神学科に入学しておられます。籾井師は卒業後、アメリカのリンカーン・アベニュー長老教会などの日系教会の牧師をしておられます。また、戦後の神学部として復活した一九五二年に入学された小笹隆三郎師、久二子師（一九五三年入学）は、サンフランシスコの日系バプテスト教会で宣教活動を担っておられます。籾井先師は長老派、また小笹師はバプテストでしたが、戦後の神学部は早い段階から、メソジストを教派的背景としつつ、エキュメニカルな諸教派から多様な入学者を迎えていたことがわかります。

藤本治祥師は一九五五年に卒業後、合同メソジスト教会（ＵＭＣ）の関係で、非常に長い間、ニューヨークで活躍され、一九八四年から八八年まで北ガーデナー教会、一九八八年から九六年までハワイの東オアフ日語教会というように、藤本師の自伝『ガザに下る道』に非常に詳細な活動報告をしておられます。

山崎往夫師は文学部ですが、神学部にも聴講に来られ、卒業後、牧師になられて、シンプソン合同メソジスト教会で宣教されました。

浅田容子師は関西学院と合併した聖和大学の出身で、一九八〇年から一七年間、ニューヨーク、シカゴ、ハワイで日本語伝道を担われ、二〇〇三年よりニューヨークのユニオン日本語教会、またハワイ・ネアス組合教会でもお働きになりました。

（2）アメリカの大学での働き

それから、広い意味での世界宣教の枠で、アメリカの大学で働いておられる先輩がいらっしゃいます。グロスジーン泰子先生は、日本からアメリカに留学に行かれる多くの方をサポートしてこられました。ドゥルー大学のアーカイブでお仕事をしてこられましたが、大学院の学長補佐も歴任されました。もう二八年ほど前になりますが、関学の歴史資料収集のために、小林信雄先生と山内一郎先生のお伴でドリュー大学のアーカイブを訪れ、集中して資料収集を行う機会がありましたが、その際、グロスジーン泰子先生にずいぶんお世話になりました。

藤田允先生は一九四八年に神学部に入学されています。関学の国際交流は、国際学部も誕生するほど、今日、大きく発展してきましたが、その基礎をつくり、先駆的に貢献された方です。関学を退かれた後、アメリカのディラード大学の特任教授として招かれ、日本研究を担当しておられました。黒人の大学に関わり、平和貢献に尽くされたということで、一九八四年にラインホルド・ニーバー賞を受けられました。藤田先生は予科の学生だった頃、戦時下でチャペルがなくなるその日に講堂で「皆さん、今日、関西学院は死にました」という演説をされたという有名な伝説があります。

（3）カナダの日系教会への派遣

カナダでは、一九二五年にメソジストが長老派と組合派と合同してカナダ合同教会が成立し、エキュメニカル運動に新たな地平を切り開いた合同教会のモデルを提示しています。その中で、関西学院大学神学部の同窓の方々も、メソジストの伝統をひく日系合同教会に関わってきました。最初に堀越吉一師が行かれ、その後、則末牧男師が戦時下にバンクーバーの日系人合同教会で働かれました。それから、岩井啓師は一九五〇年に文学部神学科に入学され、卒業後、一九六三年から南部アルバーター、一九六八年からモントリオール、一九七三年からはトロント、そして一九七九年からはハミルトンなど、一貫して日系人合同教会に派遣され、多くの教会で宣教の働きを担われました。帰国された折にはよく神学部を訪問してくださいましたが、岩井師は、カナダでの宣教活動五〇周年を記念して記念誌も刊行しておられます。

平松實人師は一九六三年に入学されましたが、一九九二年から二〇〇〇年までバンクーバー日系合同教会に派遣されて働いておられます。

山崎往夫師も、二〇〇三年から〇四年までバンクーバーの日系教会で関わっておられます。

3　ドイツとスイスの教会への派遣

（1）ドイツの教会への派遣

ドイツの教会に派遣されたのは、原野和雄師と中道基夫師のお二人です。

原野先生は一九八三年の七月から八九年の七月までの約六年間、バーデン州のマンハイムにあるマタイ教会で、南西ドイツ福音主義教会世界宣教部（ＥＭＳ）との関わりの中で、宣教協力を担われました。北米の場合と違う点は、アメリカ、カナダの教会に派遣された先生方は日系教会を中心にして働きを担われたのに対して、新しい試みとして、ドイツの普通の教会に関わった点にあります。もちろんドイツでも日系教会がボンにありますが、そこではなく、一つのゲマインデ、具体的なマタイ教会の牧師として関わられたわけです。この時に「原野和夫牧師の西ドイツ宣教を支援する会」が結成され、代表を辻建師が務められ、私も関わらせていただきました。原野師の宣教協力の働きを通して、支援の会からドイツの教会やキルヘンタークなどを訪れ、交流するという機会があったり、逆に、ドイツの教会から牧師や信徒の方々が日本の教会や神学部などを訪問し、さまざまの交流の機会がもたれました。当時のドイツはまだ東西に分裂していたので、東ベルリンのアンメ師などが来られ、講演会や交流会を開催し、豊かな交流の時がもたれました。私も支援の会に関わらせていただいて、世界宣教にはこんなに豊かな相互交流があるということを実際に学ばせていただきました。支援の会では『マンハイム通信』という、原野師の活動を共有する通信を発行し、第一五号まで出され、後に合本『合本マンハイム通信』として刊行されました。改めて読み返しますと、原野師の壮行会から帰国された時までの六年間の記録として、貴重な世界宣教の交流ドキュメントではないかと思います。

次に中道基夫師ですが、一九九三年の四月から九九年の三月までの六年間、ヴュルテンブルク州教会のロイトリンゲン教区を拠点にして働かれました。原野師が一つの教会を中心に、その広がりで活動を展開されたのに対して、もう少しブロードな教区という単位で関わられ、他の国々から派遣された宣教協力の同労者の方々と共に協力しながら、新しい風をドイツの教会に吹き込む役割を果たされました。日本基督教団と協約を結んでいる南西ドイツ福音主義教会世界宣教部（ＥＭＳ）がドイツ側の教会の受け皿になっています。中道師を派遣するに際しても、「中道基夫牧師のドイツでの宣教協力を支える会」という支援の会が結成されました。その結成に際して、原野和雄師が代表を務められましたが、同級生たちが支援の会の中核を担われました。中道師の宣教交流の活動を共有する支援の会の通信は、ドイツと日本の教会の架け橋になるという祈りをこめて『Brücke ――ドイツと日本の教会の架け橋』と名付けられ、一〇号まで発行されました。この中道師のドイツでの宣教協力の六年間の活動内容は、『合本 Brücke ――ドイツと日本の教会の架け橋』としてまとめられ、刊行されています。一九九五年の阪神・淡路大震災の折には、ドイツの教会からの支援もこの交流をベースに行われました。

（2）スイスの教会への派遣

スイスの教会へは、藤原一二三師とヒロ子師が一九八四年五月から八七年三月まで三年間派遣され、スイスのチューリッヒ近郊にあるヴェツィコンという街の教会で働かれました。藤原師は、ヴェツィコンにある一つの具体的な教会に派遣されましたが、スイス・東アジア・ミッション（ＳＯＡＭ）という組織がスイスの教会の受け皿でした。藤原師の派遣に際しても、「藤原一二三牧師のスイス宣教活動を支援する会」を結成して、相浦和生師が代表になられました。そして、藤原師の宣教交流の活動を共有する通信が『チューリッヒ・レポート』として発行され、第一号から第四号まで出ています。藤原師の宣教交流の働きを通してスイスの教会との豊かな交流の道が開かれ、スイスと日本双方からの相互交流が推進されました。『チューリッヒ・レポート』にはその交流の模様も掲載されています。

藤原師の果たされた一つの大きな貢献は、日本基督教団とスイス・プロテスタント教会連盟（ＳＥＫ）の宣教協約を結ぶ努力をされた点にあります。スイスの教会の窓口は、最初はＳＯＡＭという組織でしたが、一九八八年にＳＥＫと日本基督教団が宣教協約を締結します。こうしてスイスと日本の教会の交流が一歩進んだ形で提示され、その宣教協約をベースとして、一九九五年に関西学院大学神学部とスイスのベルン大学神学部が学術文化交流協定を結びました。その協定でベルン大学神学部に留学して勉学の機会を与えられたり、同時にヴィダー先生がその繋がりで宣教師として神学部のスタッフになられました。

それからもう一人、現在、東中野教会牧師の鈴木重正師が、一九九五年の四月から二〇〇一年までの六年間、スイスのウスター教会に派遣されて、豊かな宣教交流の働きを展開されました。この時も藤原一二三師が代表となって「鈴木重正牧師を支援する会」が結成されています。鈴木師の宣教交流の活動を共有する通信が『ウスター通信』として発行され、第一一号まで出ています。前述のＳＥＫと日本基督教団の宣教協約が締結された一九九八年に、鈴木師は三カ月ほど一時帰国され、日本各地の教会で報告会を行っておられます。

4　アジアの教会への派遣

(1) エキュメニカルな関わり

次に、アジアの教会とのエキュメニカルな関わりについて紹介したいと思います。

前島宗甫師は一九七二年に、フィリピンのマニラ、トンドという、アジアでも代表的なスラム地域に、ピープルズ・ムーブメントというエキュメニカルな大きなネットワークで派遣されました。背後にＷＣＣあるいはアジア・キリスト教協議会（ＣＣＡ）、それからＦＡＢＣという、アジアのカトリック司教会議ですが、そうした文字通りエキュメニカルな大きなネットワークのサポートで行かれました。二年の予定でしたが、半年後にマニラで民主化運動の時に大変厳しくなって戒厳令でどうしても出国せざるを得なくなり、その後、シンガポール、それからマレーシア、韓国のフィールドで豊かな貢献をされました。

一九八〇年代に私もマニラのスラム地域などで研修をさせていただいたのですが、驚いたのは、現地のタクシーの運転手さんが前島師の顔を覚えていることでした。それだけピープルズのレベルでエキュメニカルな働きを担ってこられたのだと思います。前島師はその後、ＮＣＣの総幹事に就任され、特にアジアとの関係・交流面で大きな働きを担われました。わけても日本とフィリピンとの関係の問題では、ＮＣＣフィリピン委員会編『フィリピン問題入門――体験的視座から日比関係を見直す』（ＮＣＣキリスト教アジア資料センター、一九八四年）の中でも、前島師は体験に裏打ちされたリポートを書いておられます。

最近では宮川眞一先生が、日本キリスト教海外医療協力会（ＪＯＣＳ）の働き人として、バングラディッシュのチャンドラゴーナ・キリスト教病院に二〇〇五年から二〇一二年までの二期、六年間にわたって派遣され、大変優れた貢献をされました。高校時代に岩村昇先生のＪＯＣＳの講演を聞いて、そのことが忘れられなくて、関西学院大学神学部を卒業された後、徳島大学医学部で勉学され、初心の志を貫徹されました。インターンとして関西に来られた折、立ち寄ってくださり、もうすぐ医者になるということで、「本当によく頑張ったね」と言いましたら、「来年からＪＯＣＳのプログラムでバングラディッシュに行きます！」と語られ、改めて驚かされました。高校時代に抱いた、アジアでの医療の働きをキリスト者の使命として担いたいという初心の志を忘れないで貫こうとしてこられた思いに心を動かされました。

それから忘れてはいけないのは、草地賢一師です。「平和・健康・開発」（ＰＨＤ）協会が岩村先生の呼びかけで一九八一年に神戸で誕生した時、草地師は総主事として、特にアジアの農業の自立を支援する活動を推進してこられました。アジアのエキュメニカルな草の根のネットワークを活用しつつ、本当にたくさんの方々をアジアから迎えて、大きな貢献を果たされました。

（2）マレーシアの教会との関わり

マレーシアの教会との関わりでは、荒川純太郎師がおられます。荒川師は、マレーシアのメソジスト教会、しかもサラワクのイバン族という少数民族のコミュニティに派遣されました。一九七八年一〇月から八二年一月までの三年半、その宣教協力の活動を担われました。その際、代表を前島師が務められ、「荒川純太郎さんの東マレーシア宣教活動を支援する会」が結成され、非常に幅広い支援の輪が広がり、交流が豊かに展開しました。荒川師の宣教交流の活動を支援し、共有するために、『サラワク通信』が第一号から第一〇号まで出され、その合本が刊行されています。その第五号には、イバンセンター教会の主任教師として、毎週、イバン語で説教をされたと報告されていますが、本当にすごいなと思いました。荒川師は、サラワクでの宣教協力の活動を、さらに詳細に『アジアの地下水――サラワクの自然と人々』（新教出版社、一九八二年）という一冊にまとめられました。

さらに、マレーシアの教会との関わりでは、クアラルンプールにある日本語キリスト者集会との関わりがあげられます。この集会は、一九八三年に日本語の家庭集会から出発して、二〇一二年三月、専任牧師が引退したことをきっかけに、日本基督教団の世界宣教委員会の斡旋で、二〇一二年の四月から、相浦和生師、藤本治祥師、そして山崎往夫師が三カ月交替で良き働きを担ってこられました。

5　韓国と台湾の教会との関わり

（1）基督教大韓監理会からの派遣

韓国の教会との関係では、日本基督教団は、大韓イエス長老会、基督教大韓監理会、そして韓国基督教長老会、この三教会と一九六七年に宣教協約を締結しています。ところが、同年に戦争責任告白が出されたにもかかわらず、それが十分に宣教協約に反映しているとは言えないということで、一九九二年になって、戦争責任告白も踏まえた協約の改定が行われています。なお、一九八四年に日本基督教団は在日大韓基督教会との宣教協約を結んでいます。

基督教大韓監理会から派遣され、関西学院大学神学研究科で勉学された方々は、在日大韓基督教会（ＫＣＣＪ）や日本基督教団の牧師として活躍しています。

朴寿吉師は一九八六年に延世大学を卒業して、神学研究科の修士課程に入られ、卒業後はＫＣＣＪの京都教会等の牧師となりました。その後、在日大韓基督教会の総幹事を歴任された後、日本基督教団に移って活躍しておられます。

趙永哲師は韓国の監理教神学大学修士課程を修了した後、七年間、南米のパラグアイで韓国人移民の方々に宣教活動を展開してこられました。有名なイグアスの滝のあたりで、宣教活動の途中で休息をとりながら働いていたという、本当に驚くような経験をされて、その後、二〇〇〇年に神学研究科の修士課程で学ばれ、現在は在日大韓基督教会の大阪北部教会の牧師として、多方面で指導的な役割を担っておられます。パートナーの朴賢淑師も、お父さんが韓国の宣教師として来られたこともあって、編入学で一九八九年に神学部に入られ、その後、趙師と結婚し、パラグアイで一緒に宣教活動をされた後、神学研究科の修士課程でパラグアイでの宣教師としての働きについて修士論文でまとめられました。一九六〇年代に、韓国から仕事や民主化闘争などの関係で多くの方々が南米に移住したのですが、そういう方々を中心に宣教活動が行われてきたといえます。趙師と朴師夫妻は、つい最近、二人そろって神学博士号を取得されました。

日本基督教団に派遣された宣教師として活躍しておられるのは、金度亨師です。金師は二〇〇三年に監理教神学大学修士課程を修了され、関学の神学研究科修士課程で勉学されました。その後、日本基督教団の京都教区の平安教会に関わり、新しい開拓的な宣教のあり方を求めて北区大宮で「ゴスペルハウス」を創設し、地域に溶け込んでいく試みをされておられます。その奥では礼拝できるのですが、コーヒーハウスの部分は地域に開かれて、そこでいろいろな文化的な催しをするなど、新しい宣教のあり方を模索しておられます。

張仁恵師は、二〇〇八年に監理教神学大学修士課程を修了され、関学の神学研究科修士課程で勉学されました。女性教職として宣教のスピリットが大変豊かな方で、修了後は、中部教区の名古屋教会の担任教師として働いておられます。

関西学院大学神学部が監理教神学大学との学術文化交流協定を二〇〇八年に締結したという経緯もあります。韓国監理教神学大学はメソジストの伝統の豊かに薫るキャンパスです。それから、基督大韓監理会の世界宣教部に昨秋、学生たちと一緒に訪問しました。そこで、今、世界のいたるところに韓国の宣教師を派遣している状況と課題について伺いました。

（2）台湾基督長老教会（ＰＣＴ）との関わり

日本基督教団は一九八五年に台湾基督長老教会との宣教協約を結んでいます。すでに一九六三年に締結されていたのですが、戦争告白の部分が弱いということで、改めて結びなおしたのです。

台南神学院を出られた李智仁師が、一九九〇年に関西学院大学の修士課程に入学され、その後、非常に興味深い働きを展開され、教区の宣教協約にコミットしていかれるわけです。日本基督教団が台湾との繋がりを少し弱めようとしていた頃、兵庫教区の宣教協約が二〇〇四年に締結されました。同窓の本多肇師が議長だった時に発案され、実際に結ばれたのは佃真人師が議長だった時です。李師は神学生、院生として勉学しておられた時に、佃師のいる宝塚教会に通っておられました。彼は台南地区の議長、仲介のポジションについていて、佃師も兵庫教区の議長をしていたという繋がりで、非常にスムースに関係が築かれたのです。やはり人と人の繋がりがいろいろと新しいものを生み出していくと改めて感じさせられました。

また、日本基督教団の北海教区が長老教会との宣教交流を二〇〇一年に北海道で開催しています。北海教区はアイヌ民族と少数者の問題とどう向き合って取り組んでいくかということを模索していた中で、一方、台湾では原住《ユンツー》民《ミン》の宣教と関わりがあるので、宣教に関してパートナーシップを始めたいと考えたわけです。その時、大学院で勉学していた東のぞみ師が台湾に留学に行きたいということで、最初、李師を通して台南神学院で勉学していましたが、その後台北にある玉山神学院に行くことになりました。玉山神学院というのは、原住民《ユンツーミン》、先住民族の方々の神学校です。北京語、台湾語、それから原住民《ユンツーミン》の言語というように、いろいろな言語を覚えて、大変優れた修士論文を書かれ、それを買われて、北海教区のこのプロジェクトが始まる時に彼女は呼ばれ、北海教区の牧師としてこの二つのプロジェクトを結び付ける働きをされたわけです。

結論的考察

終わりに、いくつかのポイントを述べたいと思います。

最初に、欧米宣教（Western Mission）から世界宣教（World Mission）への、いわゆるパラダイムシフトが非常に重要なポイントであると思います。その際に、関西学院の創立者ランバス先生も非常に先駆的な貢献をされたということを覚えていただきたいと思います。そういう意味で、第三回のＷＣＣ総会でＩＭＣがＷＣＣに合流し、宣教と教会一致との不可分的関係、ニューデリー原則が重要だということが大きなフレームです。

第二点は、宣教師の位置づけと役割、やはり伝統的な宣教師像が転換してきていると思います。それは例えば、一九八四年に出た日本基督教団の世界宣教の宣教師理解と、二〇〇二年に出た基本的見解二一でも表れています。Ecumenical Co-worker、エキュメニカルな協力者という形で、宣教師理解が変化してきているといえると思います。

第三点は、宣教協約の重要性です。北米との関係は長い歴史があるので、人的な関係など、いろいろな繋がりでしっかりしたものがありますが、特に新しく始めようとする関わりの中で、教団および教区レベルで宣教協約が非常に重要なものになっています。そして、それがいろいろな形で展開して豊かなものになっているということが重要なポイントだと思います。また、実質的な関係と交流を基礎にして、新しい展開がまだ可能性としてあるのではないかと思います。

第四点は、教会間交流の豊かさです。宣教師を派遣する側の教会、あるいは支援の会も含めて。それから、迎える側の教会です。共に世界宣教、宣教協力の担い手である。だから、代表して具体的な方が派遣されるわけですけれど、それを支える側も、宣教協約、世界宣教の主体であるということを強調したいと思います。その交流を通して、ほかの教会、教派、あるいは異文化、他国のその理解が深められ、そこで取り組まれているいろいろなシビアな問題、重要な問題を学ばせていただく。そういう理解の深化と、そのことによって新しく、私たちがそれぞれのところに遣わされているミッション、教会のパースペクティブ、考える射程が広げられていくということです。やはりそれが非常に重要なことではないかと思います。

さらに第五点は、アジアの教会の関わりでいえば、やはり教団、教区レベルの宣教協約の展開です。九州教区では、韓国の教会との宣教協約の展開を推進してきておられ、いろいろなところで始まっています。各個教会、それからさらにエキュメニカルな交流のレベルでそういうものが促進されていくことによって、やはり私たちの日本の教会も、アジアの一員として大切な課題と責任を一緒に担っていけるということがいえると思います。

そして最後に、神学教育との関わりでいえば、ベルン大学の神学部、あるいは韓国のメソジスト神学大学との学術文化協定が、そういう繋がりの中で生み出されてきたということがあります。あるいは、そういうことを通して、教員あるいは学生たちがそこで学んだり実習をしたりして、ずいぶん貴重な学びができます。そういう意味で、次の世代を担っていく若い世代も希望の持てるように、視野が広がっていくということが、世界宣教のコンセプトではないかと思います。

COLUMN

関西学院と広島の平和運動

二〇〇三年の夏、広島平和公園で本学の学生が平和の象徴である折り鶴に放火した事件は、大きな波紋を呼ぶ出来事でした。同時にこの出来事を契機として、多くの同窓の方々から折り鶴が寄せられ、また大学においても平和を軸とした広島との交流、及び本格的な平和学の研究と教育が始まったといえます。関西学院と広島の平和運動との関係において、歴史的に忘れてはならない同窓として松本卓夫氏と谷本清氏があげられます。

松本卓夫氏は、一九一二年に神学部を卒業した同窓ですが、日本のキリスト教界においては新約聖書学者として著名であり、いわゆる「口語訳聖書」として長年親しまれてきた日本聖書協会新約聖書口語訳の翻訳委員長としての功績は、記憶されるべき貢献です。また、青山学院神学部教授として、さらに広島女学院院長、静岡英和女学院院長として、学院と共通のメソジストの伝統をもつキリスト教主義学校における神学教育及び教育行政の責任を負ってこられた貢献は大きいです。特に銘記されるべき松本氏の働きは、広島女学院時代における被爆経験による平和運動への貢献です。とりわけ「ワールド・フレンドシップ・センター」を通して平和促進運動に尽力し、世界平和研究使節団の団長として、二度に渡りアメリカ、カナダ、欧州諸国、ソヴィエト等国際的な平和促進の巡礼の旅を

松本　卓夫

挙行し、原爆の悲劇と世界の平和を訴えています。特に、一九六四年の第一回世界平和研究使節団として渡米した折、広島の原爆投下を決断した元トルーマン大統領と会見し、団長として被爆経験から平和を強く訴えた姿は、大きく注目されました。

もう一人の同窓である谷本清氏は、一九三四年に神学部を卒業後、日本メソヂスト教会の牧師として、鹿児島県の国分、加治木の諸教会、さらに日本基督教団の成立後には那覇中央、広島流川の諸教会の牧会を負い、一貫して伝道者としての生涯を歩んでいます。特に、学院の創設者ランバス宣教師のよって設立された広島流川教会においては、三九年間牧師として働いています。谷本清氏の生涯において最も大きな出来事は、一九四五年八月六日の広島での被爆経験であったといえますが、その被爆経験の中から世界平和の目的を掲げた平和教育の研究・計画の機関として「ピース・センター」を設立し、原爆孤児の精神養子運動や原爆乙女の渡米治療などの活動を通して、反核・平和運動を一貫して担っています。このような谷本の平和の取り組みにたいして、アメリカのルイス・アンド・クラーク大学、本学と協定校でもあるエモリー大学より、それぞれ名誉神学博士の称号が授与されています。一九八六年に谷本氏が逝去した時、当時の荒木広島市長は、「谷本氏は戦後いちはやく原爆孤児の精神養子運動や原爆乙女の渡米治療の実現など、被爆者援護に尽くされ、慈父のごとく慕われた人です。被爆者の語り部としても多大な献身をいただきました」と、その平和運動への多大な貢献に言及しています。

今日、世界平和への祈りと取り組みが求められている時、広島における同窓の平和への貢献を心に刻みたいと願ってやみません。

谷本　清

あとがき

関西学院の創立者W・R・ランバスの使命と学院のさまざまの豊かな鉱脈をめぐって、筆者がこれまで『関西学院史紀要』や『時計台』などで折々に発表してきた諸論考が、本書の刊行というかたちで結実したことに特別の感慨を覚えています。

筆者が関西学院の歴史に深く関心を抱くにいたった契機は、「まえがき」にも記したように、約三〇年前に、小林信雄先生と山内一郎先生に同伴してアメリカとカナダに資料収集の旅に出かけたことに由来しています。その意味で、昨年の三月二三日に天に召されましたが、これまでさまざまの面でご指導いただいた小林信雄先生（関西学院大学名誉教授）に、心からの感謝をこめて本書を献呈させていただきたいと思います。また、小林先生と共に、筆者のささやかな研究に対してこれまで多面に渡り有益なアドヴァイスをくださり、身に余る「序文」を書いてくださった山内一郎先生（関西学院大学名誉教授）に心よりの感謝を捧げたいと思います。

初出一覧は、左記の通りです。

〈初出一覧〉

第Ⅰ部　W・R・ランバスの使命

第1章　ウォルター・R・ランバスの瀬戸内宣教圏構想

『時計台』七五、二〇〇五年四月、『関西学院史紀要』一一、二〇〇五年三月

【コラム】　最初の卒業生とJ・C・C・ニュートン先生

『母校通信』一三五、二〇一五年四月

第2章　創設された教会と学校

【コラム】　庄原の英学校と〈売店ランバス〉

『ウォルター・R・ランバスの瀬戸内伝道圏構想資料集』

『母校通信』一三三、二〇一四年四月

第3章　中国におけるW・R・ランバス宣教師の足跡を求めて

『関西学院史紀要』一三、二〇〇七年三月

【コラム】　上海とW・R・ランバス

『母校通信』一二八、二〇一一年九月

第4章　「草創期のエキュメニカル運動とW・R・ランバス」

『関西学院史紀要』一六、二〇一三年三月

【コラム】　銀座四丁目の「ウェンライト記念ホール」

『母校通信』一三四、二〇一四年九月

第Ⅱ部　関西学院の鉱脈

第1章　キリスト教教育学校同盟と関西学院——ベーツ院長の関わりを中心として

『学院史編纂室便り』三五、二〇一二年六月

【コラム】　東京と山梨におけるベーツ先生
『母校通信』一三〇、二〇一二年九月
第2章　民藝運動と関西学院――雑誌『工藝』を中心として
『時計台』八一、二〇一一年四月
【コラム】　小磯良平氏と関西学院
『母校通信』一三二、二〇一三年九月
第3章　暁明館の成立と変遷――関西学院社会奉仕会の足跡を求めて
『関西学院史紀要』二、一九九二年三月
【コラム】　千刈キャンプのアウターブリッジ・ホール
『母校通信』一二九、二〇一二年四月
第4章　戦前における関西学院神学部の教育と思想の特色――韓国からの留学生との関係で
『基督教論集』五七、二〇一四年三月
【コラム】　ハクモレンの咲くころ――震災の記憶
『母校通信』一三一、二〇一三年四月
第5章　世界宣教の系譜と戦後の神学部同窓
『宣教における連帯と対話』キリスト教新聞社、二〇一四年一一月
【コラム】　関西学院と広島平和運動
『母校通信』一一八、二〇〇六年四月

本書の論考では、初出の論考に若干の訂正を加えたところがありますが、特に第一部の第一章と第二章において「W・R・ランバス離日後に創設された教会」として福岡県の田川教会と行橋教会を追加しています。

本書の出版に際しては、このような出版の機会を呼びかけてくださった関西学院大学出版会の宮原浩二郎常任理事（関西学院大学社会学部教授）、また温かく励まして下さった田中きく代理事長（関西学院大学文学部教授）、そして編集部の田中直哉常任理事ならびに実務一切を担当してご尽力下さった浅香雅代氏、装幀を担当して下さった戸坂美果氏に、心よりお礼を申し上げます。さらに、写真及び資料収集面でお世話になった関係教会及び学校の方々、学院史編纂室や大学図書館のスタッフの方々、また同窓会の寺島充子氏に心から感謝の意を表したいと思います。

二〇一五年八月

神田　健次

【著者略歴】

神田　健次（かんだ・けんじ）

1948年新潟県新発田市生まれ。青山学院大学文学部神学科卒業、関西学院大学神学研究科博士課程修了。ミュンヘン大学神学部留学、ベルン大学神学部客員研究員、神学博士。関西学院大学神学部長、学院史編纂室長、キリスト教と文化研究センター長、世界教会協議会（WCC：ジュネーブ）信仰職制委員、神戸YMCA理事などを経て、現在、関西学院大学神学部教授、日本キリスト教団聖峰教会牧師、日本キリスト教学会理事（近畿支部会代表理事）、日本宣教学会副理事長、日本キリスト教協議会宗教研究所理事。

著　書

『現代の聖餐論――エキュメニカル運動の軌跡から』『総説　実践神学　Ⅰ、Ⅱ』（共編著）、『講座　現代キリスト教倫理　Ⅰ　生と死』（編著）、『講座　日本のキリスト教芸術　Ⅱ　美術・建築』（編著）、『世界の礼拝――シンフォニア・エキュメニカ式文集』（監修　以上日本キリスト教団出版局）、『世界教会協議会:宗教間の対話と共生のために――エキュメニカルな指針』（監修　新教出版社）、『和解と癒し―― 21世紀における世界の伝道・宣教論』（監修　キリスト新聞社）、『キリスト教学校教育同盟100年史』（共編著　教文館）、『渡辺禎雄聖書版画集』（共著　新教出版社）、『ミナト神戸の宗教とコミュニティー』（共著　神戸新聞総合出版センター）、Christianity in Japan, 1971-90（共著　教文館）、Faith and Order at the Crossroads, WCC-Geneva（共著）、その他。

W・R・ランバスの使命と関西学院の鉱脈

2015年9月28日初版第一刷発行

著　者　神田健次

発行者　田中きく代
発行所　関西学院大学出版会
所在地　〒662-0891
　　　　兵庫県西宮市上ケ原一番町1-155
電　話　0798-53-7002

印　刷　（株）遊文舎

Printed in Japan by Kwansei Gakuin University Press
ISBN 978-4-86283-206-1